声　明　1. 版权所有，侵权必究。

　　　　2. 如有缺页、倒装问题，由出版社负责退换。

图书在版编目（CIP）数据

学说汇纂. 第三十二卷，遗赠和遗产信托 /（古罗马）优士丁尼著；殷秋实译. -- 北京 : 中国政法大学出版社, 2025. 2. -- ISBN 978-7-5764-1959-7（2025.9重印）

Ⅰ. D904.1

中国国家版本馆 CIP 数据核字第 2025P4L988 号

出 版 者	中国政法大学出版社
地　　址	北京市海淀区西土城路 25 号
邮寄地址	北京 100088 信箱 8034 分箱　邮编 100088
网　　址	http://www.cuplpress.com（网络实名：中国政法大学出版社）
电　　话	010-58908285（总编室）58908433（编辑部）58908334(邮购部)
承　　印	北京京鲁数码快印有限责任公司
开　　本	880mm×1230 mm　1/32
印　　张	7.625
字　　数	150 千字
版　　次	2025 年 2 月第 1 版
印　　次	2025 年 9 月第 2 次印刷
定　　价	36.00 元

罗马法民法大全翻译系列

CORPUS IURIS CIVILIS

DIGESTA

学说汇纂

（第三十二卷）

遗赠和遗产信托

［古罗马］ 优士丁尼 著

殷秋实 译

中国政法大学出版社

2025·北京

OSSERVATORIO SULLA CODIFICAZIONE E SULLA FORMAZIONE DEL GIURISTA IN CINA NEL QUADRO DEL SISTEMA GIURIDICO ROMANISTICO

UNIVERSITÀ DEGLI STUDI DI ROMA "TOR VERGATA"
"SAPIENZA" UNIVERSITÀ DI ROMA
DIPARTIMENTO IDENTITÀ CULTURALE DEL CNR
UNIVERSITÀ DELLA CINA DI SCIENZE POLITICHE E GIURISPRUDENZA (CUPL)

Volume stampato con il contributo dello stesso Osservatorio

DE LEGATIS ET FIDEICOMMISSIS
Traduzione in cinese con latino a fronte

A cura di SANDRO SCHIPANI
Professore Senior di Diritto Romano, "Sapienza" Università di Roma

Traduzione in cinese di YIN QIUSHI
Dottore di Ricerca della "Sapienza" Università di Roma

Revisione dell'intera traduzione ad opera di LARA COLANGELO
Assegnista di ricerca dell' "Osservatorio sulla codificazione e la formazione del giurista in Cina nel quadro del sistema giuridico romanistico"

Con collaborazione del Centro di Studi sul diritto romano e Italiano
UNIVERSITÀ DELLA CINA DI SCIENZE POLITICHE E GIURISPRUDENZA (CUPL)

序

1. 民法大全的本卷翻译，涉及学说汇纂第 32 卷（D.32）。该卷同之前的第 30 卷和第 31 卷一道归属于"关于遗赠和遗产信托"的标题之下。Tanta 敕令第 6 部分中也是用该标题来指称该卷，其所位处的大段材料，形成并构建了或可称之为"通则部分"的更宽泛讨论，所谓更宽泛讨论，是相比后续第 33 卷和第 34 卷中所展现的一系列关于各类遗赠和遗产信托的法律而言。

这五卷（第 30-34 卷）之后的另外两卷（第 35-36 卷）仍然关于遗赠和遗产信托，从不同角度重新关注共通问题，亦即：特别条款，处分自由的限制，遗赠和遗产信托的效果，对受益人的担保方式。

这七卷（第 30-36 卷）总体是关于遗嘱两卷（第 28-29 卷）的延伸。

如此，这九卷（第 28-36 卷）整体是关于死者最终遗愿的，之后的两卷（第 37-38 卷）是关于无遗嘱继承或不同于遗嘱的继承，这就构成了关于继承的材料集群（第 28-38 卷）。这些材料集群在 Tanta 敕令第 6-7 部分中并没有被强调，但有其历史根源：在古典法学家的著作中就已经出现，这也包括在先的盖尤斯法学阶梯（Gai. 2, 99-3, 87[1]）和在后的优士丁尼法学阶梯（J. 2, 10-3, 9[2]）。[3]

2. 第33-34卷所讨论的不同类型的遗赠和遗产信托，是通过这些行为的意思表示客体来界定的（按年或按月给付的遗赠及遗产信托，关于使用权、用益权、居住权、奴隶劳作的遗赠及遗产信托，关于地役权的遗赠，关于嫁资的遗赠，关于选择权的遗赠等）。遗赠的古典分类纯粹是基于意愿的"形式"及"效力"而界定，早在盖尤斯法学阶梯（公元2世纪）中就可轻易发现这些种类，其构成了文本排序的基础，这里所指的即是Gai. 2, 192的列表和后续讨论：Gai. 2, 193-200讨论的直接遗赠（*legatum per vindicationem*）；Gai. 2, 201-208讨论的间接遗赠（*legatum per damnationem*）；Gai. 2, 209-215讨论的容受遗赠（*legatum sinendi modo*）；Gai. 2, 216-223讨论的先取遗赠（*legatum per praeceptionem*）（也可参见Tit. ex corpore Ulpia-

---

〔1〕［古罗马］盖尤斯著：《盖尤斯法学阶梯》，黄风译，中国政法大学出版社2008年版。

〔2〕［古罗马］优士丁尼著：《法学阶梯》，徐国栋译，中国政法大学出版社2007年版。

〔3〕在现代法典中，这些材料整体仍然维持了其特征。这些材料在法典体系顺序中的位置，和对最后两卷（第37-38卷）内容赋予的重要性密切相关。由于家庭关系对继承的重要性，这两卷的内容在整体上会向家庭法靠近：可对比两种不同的解决方案，一种是1900年德国民法典（第四编和第五编）和2002年巴西民法典（分则的第四编和第五编），另一种是1942年意大利民法典（第一编和第二编）。

ni 24，2 以下；Pauli Sententiae 3，6，1 以下）。为了给立遗嘱人意愿以最大保障，以实现他们想要的法律效果，并消除由于形式瑕疵而未能实现效果的风险，通过各种措施，形式本身的重要性在实质上被消除了。在优士丁尼和法学家们的法典中，可以发现这些古典类型不再具有排列材料、确定顺序的类别功能；即使这些古典类型仍然不时出现且有效，但实质上总是同一种行为。[1] 与之相似，对立遗嘱人意愿的强调和重视也导致遗产信托和遗赠相提并论。因此，不同类型的特殊性不在于形式，而在于客体，在统一讨论中，这三卷聚集了所有关于意思表示的问题。

第 30-32 卷的紧密联系，来自并反映在标题的一致性上，这让我觉得有必要参阅第 30 卷的序言中，在呈现古典法时代遗赠和遗产信托的各个方面时的简要说明，在第 31 卷的序言中，我还会补充部分进一步的注解。

就第 32 卷而言，我需要给片段和文本的重新排序留出空间，重排是基于波蒂埃（Pothier）的著作，[2] 每一卷我都会提出可能作为初始阅读关键重排列表。但在这几卷中，如前面所提到的那样，波蒂埃收集并详述了优士丁尼的规则，以组成一个统一部分，他的重排将全部三卷一贯考虑，对大约 700 个片段进行了阐释，以看起来最合适的序列加以呈现，

---

〔1〕 参见第 30 卷的序言。

〔2〕 Robert J. Pothier (1699-1772), *Pandectae Justinianeae in novum ordinem digestae*, 1748-1752；拉丁语文本可在 books.google.it 网站查阅，也有意大利语的文本（例如，可参见 19 世纪初期威尼斯 Tipografia A. Bazzarini 的版本）。

序列精细，分为部分、节、条、款，不过在概念上集中于意思表示的各方面。[1]

3. 从优士丁尼和其法学家们的法典到现代法典的过渡，有很多小节点，在这几卷中，这些节点呈现出两个方面，对此我仅以非常简要的方式指出：一个关于法律内容；另一个关于提炼和阐述法律的形式。这里只能简要提及，因为每个都需要更加广泛和深入地讨论，这超出了本序言的能力。

3. A. 遗赠和遗产信托不同形式的融合，以及与之相伴的在几个世纪跨度内对成熟文本的提炼，并为优士丁尼和其法学家们所编纂，是由前述的统一原则所支撑，即注重和强调立遗嘱人的意愿，由此产生了极为丰富的材料，并推动进一步的深入研究。

现代重新排序的人，如波蒂埃，在18世纪时通过对他称之为"意思表示"（*dichiarazione di volontà*）——虽然仅在讨论之初出现了两次，但是起到了组织功能——不同方面的体系整理而抓住核心。意思表示构成"属"，而遗赠和遗产信托则是"种"，是单方意思表示，其作出是为了在行为人死后发生效力，指向表示需要为之所接受的特定主体，以之后各卷（第33—34卷）所讨论的对象为客体。这个属概念也是之后与遗赠和遗产信托相关的研究结果能够在更大范围内获得意义的进路。事实上，在涉及"意思表示"的"解释"问题时，波蒂埃就已经陈述了他认为适合"所有最终意愿的解

---

[1] 当然，如果读者手头只有本书，在理解线索时可以限于和本书（即第32卷）相关的文本。第30卷和第31卷（正在翻译）出版后，也可每次限于阅读和相应卷有关的文本。不过，应该注意文本之间的联系会让文本更加丰富。

释"（*interpretatio omnium ultimarum voluntatum*）的规则。

这几卷的解读所处的这种境况，也是具有很大发展和重要性的法律思考的所在。一方面，这是一种和诸如合同等深刻不同的学术经验，在合同中，对合意的关注不得不考虑这些行为的双方或者多方结构，这就导致最后分析集中于"那些被完成的行为"（*quod actum est*），对典型性的超越是通过非常间接的方式实现的，以至于对材料的讨论仍然和每种合同类型密切相关，即使不同的合同类型已经彼此联通（例如，在罗马法形成体系的年代，可以发现学说汇纂如下标题：作为消费借贷、人们信赖会返还的物，使用借贷、质押、保管、委托、合伙、买卖、租赁、估价合同等；以及在现代民法典中，尽管已经存在合同通则，但合同类型始终存在）。另一方面，这种境况也为更开阔的视角提供了开放因素，事实上，在波蒂埃后的一个世纪，这些因素达到了法律行为理论，以及为了把握具体和抽象的恰当分寸，其也要求并推动了法学家能力的运用和增长。

这三卷通则部分的创设来自优士丁尼，"表示"（*dichiarazione*）这个术语，在体系形成时代的文本中就已经被使用，指用以调整个人事务的意思表达，尽管并不常见：对此参见帕比尼安在 D. 37，11，11，2 的论述。因此，对意思表示这一主题的全面重整，追随的是来自体系形成时代和波蒂埃著作的原则和概念。我们受此指引，据此前行，行程最终扩及至很多现代法典，尽管法典彼此不同，但仍追求在超越这些制度的类型基础上达成更加抽象和统一的目标。

3. B. 关于罗马法学家提炼法律所使用的解释技术，虽然他们也会提出规则、准则、定义，会分析种属，但他们主要运用的还是"例子"，有时来自实践咨询，有时来自教学需要，教学活动在不同程度上和法律提炼相结合。这些例子之间彼此通过论辩相联，指引这些联系的理由（ratio）则通常不言之于外；另外，对同一个例子的思考可能要面对数个问题，因此可能对数个关联问题保持开放，对此，即使抓住最重要的问题，一种解释也难以穷尽所有；体系的自洽性也会逐渐扩张和深入，还要适应体系完善所带来的持续变化和压力。学说汇纂的编纂对原始文献所作的规模巨大的筛选——这包括优士丁尼法学家仔细研究的那百分之五的文献，以及全体会议的各个准备委员会的工作——是学说汇纂各卷中很多标题"混乱失序"的原因。从12世纪起，注释法学家在古老文献的页边注解哪怕是相隔很远的片段间的联系，通过这些注解明晰当时阅读的线索或创设新的线索。之后，评论法学家以不同的方法和对文本的重写来继续"重读"。相继出现的不同方法和不同重读，展现了变动的社会事实，对此需要给予回答，也因此在基于古老文本顺序所能立刻展现的联系之外，提炼了文本之间的其他关联。在18世纪中期，如前所述，波蒂埃作出了自己的重排，将文本以看起来最好的顺序进行排列（这项工作后来衍生出了部分重构，形成了他非常有名的《论债法》，1761-1764年，之后有关于不同合同的各卷，1762-1767年）。为了完成该工作，波蒂埃基于注释法学家所开创的思路，也会援引要进行重新整理的卷或标题之外的文本。第30-32卷所涉的文本，由于其是一个宽泛主题的共通材料，更强调引用外部文本的需要。我也赞同这一理由，这明显是文本论述的发展，为此，我接受对上述所提七卷（第30—36卷）相关文本的引用，少数场合还会引用其他各卷。这些其他引用丰富了对有大概300个片段的通则部分的说明。[1] 不过，我相信这一领域的重要性会促使有兴趣的读者不局限于波蒂埃的伟大作品，而是通过对文本进一步潜力的精密与能动地解读，来实现超越和发展，如同学说汇纂的文本随同读者而不断生长。

4. 关于遗赠和遗产信托

第一部分：关于遗赠和遗产信托的本体。

第一节 遗赠的含义与种类，遗产信托的含义：D. 32, 87; D. 31, 36; D. 30, 116pr.;

第二节 遗赠和遗产信托的形式：

第一条 遗赠或者设立遗产信托的意愿，这种意愿的表达：

第一款 这种意愿应该包含被赠与的物：D. 34, 5, 3; D. 30, 4; D. 30, 15pr.; D. 36, 1, 35（34）; D. 33, 4, 14; D. 31, 1, 30; D. 33, 1, 14; D. 32, 12; D. 30, 37, 1; D. 30, 32, 1;

第二款 这种意愿应该包含赠与的对象：D. 34, 5, 4; D. 34, 5, 10pr.; D. 34, 4, 3, 7; D. 33, 2, 18; D. 34, 5, 27; D. 31, 8, 3; D. 34, 5, 25; D. 35, 1, 33, 1; D. 35,

---

[1] 这些文本很多位于尚未翻译的卷中，不过之后都会有译本。另外，我并没有引用法典或法学阶梯，也没有引用优士丁尼之前的文本，如盖尤斯法学阶梯（虽然其已被翻译）、*Pauli Sententiae*、*Tituli ex corpore Ulpiani* 等，因为我重复了波蒂埃的框架，只是作为对学说汇纂进行阅读的起始辅助。

1, 39, 1;

第二条 遗赠和遗产信托应该包含在哪种意思表示之中：

第一款 遗赠：D. 35, 1, 38;

第二款 遗产信托：D. 32, 39, 1; D. 32, 11, 1; D. 32, 23; D. 31, 88, 9; D. 31, 77, 23;

第三条 设立遗赠和遗产信托的形式，以及是否可以默示设立：

第一款 遗产信托可以任何格式设立，第一种形式：D. 31, 75pr.; D. 32, 11, 4; D. 32, 37, 4; D. 31, 34, 7; D. 31, 77, 26; D. 32, 37, 2; 第二种形式：D. 32, 5pr.; D. 33, 2, 34, 1; D. 31, 69, 2; 第三种形式：D. 32, 11, 9; 第四种形式：D. 30, 118; D. 30, 115; D. 31, 67, 10; D. 32, 29pr.; D. 32, 68, 1; D. 33, 2, 32pr.; 第五种形式：D. 31, 88, 10; D. 32, 93, 1; D. 32, 37, 5; 第六种形式：D. 34, 2, 18pr.; D. 31, 34, 3;

第二款 遗产信托的设立可以使用任何表达方式，甚至可以只是点头：D. 31, 34, 3; D. 32, 11, 3; D. 35, 1, 40, 2; D. 32, 11pr.; D. 32, 21pr.;

第三款 遗产信托也可以默示行为作出，或从结果推断：D. 31, 87, 2; D. 31, 64; D. 35, 1, 92（从 Cui rei consequens est 处起）; D. 35, 1, 93; D. 35, 1, 70; D. 31, 77, 30;

第四款 不能从中推断出遗产信托的表示：D. 31, 34pr.; D. 35, 1, 72, 8; D. 36, 1, 80（78）, 8; D. 32, 11, 2; D. 31, 77, 21; D. 36, 3, 18, 1; D. 31, 88, 1; D. 35, 1,

40, 5；

第五款 某些词语的欠缺或冗余是否会妨碍遗赠或遗产信托：D. 30, 106；D. 31, 67, 9；D. 31, 77, 22；D. 33, 77, 33；

第四条 支付或者对赠与数额的承认是否能够弥补形式欠缺：D. 40. 5. 30. 17；

第五条 优士丁尼法对遗赠和遗产信托形式所作的变化：D. 31, 76, 9。

第三节 在设立遗赠或遗产信托时，死者应该具有的目的：D. 30, 64；D. 30, 54pr.；

第四节 可以遗赠或者设立遗产信托的主体：D. 30, 2；D. 30, 114pr.；D. 32, 1, 2；D. 32, 1, 3；D. 32, 1, 4；D. 32, 2, 1；D. 32, 1pr.；D. 32, 1, 5；D. 32, 1, 1；

第五节 对谁可以遗赠或者设立遗产信托：

第一条 对那些不适用市民法的人和不确定的人：D. 30, 101, 1；D. 30, 117pr.；D. 30, 122pr.；D. 30, 32, 2；D. 30, 73, 1；D. 34, 5, 20；D. 34, 5, 14（15）；D. 34, 5, 11（12）pr.；D. 30, 108, 3；D. 34, 5, 5（6）；D. 34, 5, 4（5）；

第二条 关于是否能够对继承人遗赠：D. 30, 116, 1；D. 30, 104, 3；D. 33, 7, 2pr.；D. 30, 34, 11；D. 30, 34, 12；D. 30, 104, 5；D. 30, 104, 4；D. 31, 75, 1；D. 30, 17, 2；D. 30, 18；D. 30, 104, 6；D. 36, 1, 26（25），1；D. 30, 34, 13；D. 32, 8, 1；D. 30, 25；D. 30, 91pr.；

第三条 关于是否能够对自己或共有的奴隶遗赠，以及待自由人的情况：

第一款 对自己奴隶的附有解放的遗赠：D. 31, 84; D. 30, 102; D. 31, 76, 4; D. 30, 91, 1; D. 35, 1, 86, 1; D. 33, 8, 14;

第二款 对已经被遗赠的奴隶的遗赠：D. 30, 69pr. ; D. 30, 107pr. ; D. 35, 2, 49pr. ;

第三款 待自由人的情况：D. 31, 11pr. ;

第四款 关于共有的奴隶：D. 2, 5, 90 (89)。

第四条 关于父权下的家子、他人的奴隶、其他人们怀疑是否可以对之遗赠的主体，以及那些不被允许受领他们所获遗赠的人：D. 30, 113pr. ; D. 30, 12, 2; D. 30, 116, 3; D. 31, 55, 1; D. 35, 2, 67;

第六节 可以负担遗赠或者遗产信托的主体，以及持续时间：

第一条 可以负担的主体：D. 32, 1, 5; D. 31, 77, 3; D. 32, 1, 8; D. 30, 127;

第一款 获得某物的主体：D. 33, 4, 11; D. 31, 77, 2; D. 32, 3pr. ; D. 30, 96, 4; D. 30, 77; D. 32, 37, 3; D. 31, 77, 14; D. 32, 37pr. ;

第二款 死者本可以剥夺某物但并未剥夺的那些主体：D. 32, 1, 7; D. 30, 114, 1; D. 30, 114, 2; D. 32, 9; D. 30, 92, 2; D. 30, 1, 93; D. 32, 2;

第三款 通过上述主体而获得某物的人，继承人和受遗赠人：D. 30, 94, 1; D. 32, 4; D. 31, 62; D. 30, 91, 4; D. 36, 1, 26 (25), 1; D. 30, 11; D. 32, 5, 1; D. 32,

1, 1;

第四款 是否可以让被解除继承权的人负担：D. 30, 126pr. （至 fuissent 处）；D. 30, 94pr.；D. 35, 2, 87, 7；D. 32, 103pr.；D. 32, 103, 1；

第二条 一个人可以负担遗赠或遗产信托的范围：

第一款 如何计算被遗赠的标的：D. 34, 2, 18, 1；D. 30, 122, 2；D. 30, 26pr.；D. 31, 70, 2；D. 31, 73, 31；D. 30, 114, 3；D. 30, 114, 4；D. 32, 3, 3；D. 31, 70, 1；

第二款 为了让某人负担遗产信托而作出的无益遗赠：D. 30, 94, 1；D. 30, 95；D. 32, 3, 4；D. 32, 7, 2；D. 33, 4, 2pr.；D. 33, 4, 2, 1；D. 32, 3, 2；31, 28；D. 30, 78；D. 30, 96, 2；D. 32, 41, 7；D. 32, 8pr.；D. 31, 70pr.；D. 30, 94, 2；D. 32, 3, 1；

第七节 可以遗赠或作为遗产信托的物：

第一条 可以遗赠或者设立遗产信托的物有：D. 30, 24, 1；D. 30, 41pr.；

第一款 关于自然界中不存在的物或者不流通的物：D. 30, 9；D. 30, 24pr.；D. 30, 39, 8；D. 30, 39, 9；D. 30, 39, 10；D. 30, 43, 3；D. 30, 112pr.；D. 30, 40；D. 30, 114, 5；D. 31, 49, 2；D. 31, 49, 3；D. 30, 12, 1；D. 30, 40；D. 30, 114, 5；D. 32, 11, 16；D. 31, 49, 3；D. 33, 1, 3, 6；D. 30, 12, 1；

第二款 关于房屋或其附属物遗赠的特别禁止，以免其被拆毁：D. 30, 114, 9；D. 30, 41, 1；D. 30, 41, 9；D. 32,

21, 2; D. 30, 41, 12; D. 30, 41, 13; D. 30, 41, 10; D. 30, 41, 11; D. 30, 41, 6; D. 30, 41, 8; D. 32, 11, 14; D. 30, 41, 14; D. 30, 41, 3; D. 30, 41, 4; D. 30, 41, 5; D. 30, 41, 7; D. 30, 43, 1; D. 34, 2, 17;

第二条 可以遗赠或者设立遗产信托的物的权利人：

第一款 除了自己的物外，是否可遗赠不属于立遗嘱人的物，以及他人的物：D. 30, 44pr. ; D. 30, 44, 1; D. 30, 81, 4; D. 30, 39, 7; D. 30, 71, 6; D. 33, 2, 36pr. ; D. 33, 2, 36, 1; D. 31, 67, 8; D. 30, 114, 7; D. 31, 12pr. ;

第二款 是否可遗赠属于受遗赠人的物：D. 32, 21, 1; D. 30, 108, 1; D. 30, 82pr. ; D. 30, 39, 2; D. 30, 82, 1; D. 30, 71, 5; D. 30, 86, 4; D. 32, 102, 2; D. 30, 45pr. ; D. 30, 34, 7; D. 42, 4, 15; D. 30, 108, 6; D. 30, 34, 8; D. 30, 82, 2; D. 30, 82, 3; D. 30, 82, 4; D. 31, 73; D. 30, 83; D. 31, 66, 1; D. 31, 66, 2; D. 31, 66, 3; D. 30, 82, 6; D. 31, 87pr. ;

第三款 如果是对奴隶或家子遗赠，或他们负担遗赠，为决定物是否可以被遗赠，应该考察哪个主体：D. 33, 3, 5; D. 32, 17, 1; D. 31, 82, 2; D. 30, 116, 2;

第三条 除了物之外，还可以被遗赠或设立遗产信托的：D. 30, 39, 4; D. 32, 24;

第一款 可约束继承人或受遗赠人做的事情：D. 34, 2, 6, 2; D. 31, 89, 5; D. 36, 1, 80（78）pr. ; D. 26, 3, 11, 1; D. 30, 49, 8; D. 30, 66; D. 30, 49, 9; D. 32, 30,

3；D. 32，41，9；D. 30，108，15；D. 32，11，15；D. 30，73pr. ；

第二款 不可约束继承人做的事情：D. 30，112，3；D. 30，112，4；D. 32，41，8；D. 30，114，8；D. 35，1，92。

第二部分：关于遗赠和遗产信托的解释，以及所有最终意愿处分的解释。

第一节 关于解释最终意愿的一般规则：D. 35，1，16；

第一条 关于本身存在模糊的最终意愿的解释规则：第一项，D. 50，17，96；第二项，D. 32，69pr. ；D. 32，25，1；第三项，D. 50，17，12；第四项，D. 34，2，15；D. 36，1，63（61）；第五项，D. 34，5，24；第五项规则的例子有D. 36，1，76（74）pr. ；D. 30，114，6；D. 36，1，18（17）pr. ；D. 36，1，18（17），2；D. 36，2，18（17），3；D. 32，6pr. ；D. 32，93，5；D. 31，34，1；D. 32，50，5；D. 33，2，32，1；第六项，D. 30，109pr. ；第七项，D. 50，17，192，1；D. 50，17，56；D. 31，77，9；D. 32，41，5；D. 50，16，220，1；D. 50，17，20；D. 50，17，179；D. 40，4，2；第八项，D. 50，17，168，1；第九项，D. 30，108，13；D. 30，108，14；D. 32，27，2；D. 32，42；第十项，D. 35，1，42；D. 32，11，22；D. 34，3，28，10；D. 34，3，28，11；D. 34，3，3，5；D. 34，3，4；D. 30，49，4；D. 30，49，5；D. 30，49，7；D. 30，49，6；D. 30，69，2（至 hoc fieri 处）；D. 34，3，7，3；D. 31，53pr. ；D. 31，53，1；D. 31，34，6；D. 30，69，2（从 nec solum hoc casu

处起）；D. 31，71，3；D. 34，3，3，4；D. 32，11，21；
D. 32，11，20；D. 31，76，5；D. 33，1，20，1；D. 36，1，
83（81）；第十一项，D. 30，50，3；D. 34，5，1；D. 34，
5，28（29）；D. 34，5，13（14），1；D. 32，41pr.；D. 34，
1，4pr.；D. 33，2，32，6；第十二项，D. 36，1，24（23）；
D. 36，1，80（78），4；D. 34，5，7（8），2；D. 36，1，25
（24）；D. 36，1，80（78），5；第十三项，D. 50，17，9；
D. 32，29，1；D. 31，1，43，1；D. 30，39，6；D. 32，75；
D. 31，47；D. 30，14pr.；D. 30，14，1；D. 32，27，1；
D. 34，2，38，2；第十四项，D. 32，100，4；第十五项，
D. 30，52pr.；D. 33，6，6（从 item quemvis 处起）；D. 33，
6，15（到 legatum 处）；D. 34，2，11；第十六项，D. 33，
10，9pr.；D. 33，7，12，46；D. 33，7，20；D. 33，7，18，
13；D. 34，2，32，6；D. 33，6，16，2；第十七项，D. 33，
7，18，11；D. 34，2，1pr.（item si duae-est tibi）；D. 32，
100，1；第十八项，D. 33，7，24；第十九项，D. 34，2，4；
第二十项，D. 50，17，80；D. 32，41，2；D. 32，41，3；
D. 32，78，1；D. 34，2，1pr.（除外：item si duae-est tibi）；
D. 32，99，5；D. 33，6，2pr.；D. 33，8，8，6；D. 33，8，
15；D. 40，4，10pr.；D. 33，8，6，3；D. 33，8，22，1；
D. 34，2，40，2；第二十一项，D. 34，1，5；第二十二项，
D. 31，88，11；D. 34，1，16，2；D. 34，1，20pr.；D. 33，
1，19，1；D. 34，1，20，1；第二十三项，D. 34，1，18，
3；D. 34，1，18，4（到 non deberi 处）；第二十四项，
D. 32，29，4；D. 28，7，2，1；D. 35，1，33，4；D. 36，1，

89（78），7；D.33，2，34pr.；第二十五项，D.31，43pr.；D.32，98；D.30，34，15；D.33，2，10；D.33，2，19；D.36，3，1，17；第二十六项，D.34，5，29；D.33，9，4，6；第二十七项，D.34，2，8；D.32，100，2；第二十八项，D.50，16，116；D.32，93，3；D.50，16，163，1；D.50，16，101，3；D.32，65，6；D.32，62；D.32，81；D.31，45pr.；第二十九项，D.32，33，1；D.34，3，28，2；D.31，46；D.34，3，28，6；D.34，3，31，4；D.34，3，31，5；D.34，3，28，1；D.31，51pr.；第三十项，D.32，102pr.；D.34，2，34，1；D.34，2，34，2；D.50，16，123；D.32，34，1；D.31，32，3；D.34，2，7；D.34，2，40pr.；D.32，41，4。

第二条 多项处分措施相互比较产生模糊之处时：

第一款 模糊之处来自两项相互矛盾的处分时，D.50，17，188pr.；更具体的规则：第一项，D.30，12，3（到 spectanda est 处）；D.34，4，28；D.26，2，8，3；D.26，2，10，1；D.30，12，3（从 interdum tamens 处起）；D.32，22pr.；第二项，D.31，14pr.；D.40，4，10，1；D.40，5，50；D.28，6，16pr.；D.40，4，15；D.40，4，9pr.；D.40，7，42；D.35，1，96，1；D.40，4，56；D.40，4，19；D.40，4，1；D.35，1，51pr.；D.40，4，5；D.35，1，35；D.35，1，87；D.35，1，88；D.35，1，89；D.35，1，90；D.40，4，45；D.31，37；D.30，44，7；D.30，108，9；D.30，68，2；D.33，2，20；D.30，81，9；D.30，81，10；D.30，68，3；D.31，65，2；D.28，6，18，1；D.18，6，19；D.28，5，38pr.；D.28，

5, 67（66）；D. 28, 5, 27, 1；D. 28, 5, 27, 2；D. 28, 7, 17；D. 28, 2, 21；D. 28, 5, 37, 2。

第二款 其他两种模糊：第一项，D. 30, 34, 3；D. 30, 34, 4；D. 30, 34, 5；D. 30, 34, 6；第二项，D. 31, 44, 1；D. 31, 44pr. ；第三项，D. 22, 3, 12；D. 34, 1, 18pr. ；D. 34, 4, 3, 10；D. 32, 27pr. ；D. 33, 4, 1, 14；D. 30, 53, 2；D. 30, 34, 1；D. 30, 86, 1；D. 31, 66, 5；D. 30, 34, 2；

第二节 关于最终意愿行为中几个常见条款的解释：

第一条 关于除外条款（clausola di eccezione）：D. 30, 72；D. 30, 36pr. ；D. 30, 36, 1；D. 30, 65pr. ；D. 31, 77pr。

第二条 关于延期条款（clausola di proroga）：

第一款 遗嘱中插入的一般延期条款属于哪种遗赠：D. 30, 30pr. ；D. 30, 30, 6；D. 30, 30, 1；D. 30, 30, 3；D. 30, 30, 5；D. 35, 1, 54pr. ；D. 31, 74；D. 30, 30, 2；D. 33, 4, 4；D. 30, 30, 7；D. 30, 31；

第二款 特别延期的效力，立遗嘱人据此指令在一年、两年、三年内履行遗赠：D. 33, 1, 3pr. ；D. 33, 1, 3, 1；D. 33, 1, 3, 2；D. 33, 1, 3, 3；D. 33, 1, 3, 4；D. 33, 1, 3, 5；

第三条 关于重复条款（clausola di ripetizione）：

第一款 可推断出重复条款的词语：D. 32, 54pr. ；D. 32, 13；D. 30, 108, 7；

第二款 一般性重复条款可以扩及于何物：D. 30, 113, 2；D. 32, 77；

第三款 既一般又特别的重复条款的效果：D. 30, 19pr. ；

D. 30, 19, 1; D. 33, 4, 3; D. 30, 108, 8;

第四款 让某个继承人负担之前由另一人负担的遗赠，该重复条款的效果及生效时间：D. 31, 77, 15; D. 30, 113, 4; D. 30, 32pr.; D. 30, 113, 3; D. 30, 81, 7; D. 30, 53pr.; D. 30, 52, 1; D. 30, 53, 1;

第五款 关于其他种类的重复：D. 32, 11, 18。

第四条 关于倍增条款（clausola di moltiplicazione）：D. 34, 1, 18, 4; D. 31, 88, 7。

第三节 对某些句子、名词、代词、动词、副词和小品词的解释：

第一条 关于指明或确定赠与标的的某些句子或名词的解释：D. 50, 16, 93; D. 50, 16, 66; D. 50, 16, 207; D. 50, 16, 78; D. 32, 101pr.; D. 33, 99, 4, 4; D. 32, 41, 6; D. 50, 16, 2pr.; D. 50, 16, 87; D. 32, 30pr.; D. 34, 2, 31; D. 50, 16, 163pr.; D. 50, 16, 95; D. 33, 5, 17; D. 32, 95; D. 32, 33, 2;

第二条 用以指明获得遗赠或者负担遗赠主体的名词的解释：

第一款 关于"家子"和"卑亲属"的名称：D. 31, 88, 12; D. 50, 16, 164pr.; D. 30, 17pr.; D. 50, 16, 84; D. 50, 16, 201; D. 50, 16, 220, 3; D. 32, 83, 1;

第二款 关于"亲属"或"亲戚"的名称：D. 34, 5, 19 (20) pr.; D. 34, 5, 19 (20), 1;

第三款 关于"解放自由人"的名称：D. 50, 16, 243; D. 34, 1, 2pr.; D. 35, 1, 33, 2; D. 50, 16, 105pr.;

D. 34, 1, 16, 1;

第四款 关于"市民"的名称：D. 34, 5, 2;

第五款 关于"最先"和"最后"的所指：D. 50, 16, 92; D. 50, 16, 162pr.; D. 34, 5, 9pr.;

第三条 关于某些代词、动词、小品词和副词的解释：

第一款 关于代词：D. 32, 85; D. 30, 5, 2; D. 32, 30, 4; D. 32, 73pr.; D. 32, 74; D. 32, 73, 2; D. 32, 73, 1; D. 32.71; D. 32, 72; D. 34, 2, 27, 2; D. 34, 2, 34pr.; D. 50, 16, 91; D. 32, 73, 5; D. 33, 8, 15; D. 34, 2, 32, 4; D. 34, 2, 25, 6; D. 32, 73, 4; D. 32, 73, 3; D. 30, 6pr.; D. 35, 1, 33, 3; D. 32, 68pr.; D. 33, 10, 9, 2;

第二款 关于动词：D. 50, 16, 94; D. 32, 100pr.; D. 31, 21;

第三款 关于小品词：D. 32, 37, 7; D. 34, 2, 30; D. 34, 5, 13（14）pr.; D. 31, 77, 32; D. 36, 1, 59（57）, 2; D. 34, 5, 13（14）, 6。

第三部分：关于遗赠和遗产信托的效果。

第一节 遗赠和遗产信托开始归属的时间，到期后的效果：

第一条 遗赠和遗产信托开始归属的时间：

第一款 遗赠和遗产信托通常开始归属的时间：D. 36, 2, 5, 1; D. 36, 2, 5, 2; D. 36, 2, 21pr.; D. 36, 2, 5, 3; D. 36, 2, 5, 4; D. 36, 2, 5, 5; D. 36, 2, 1; D. 36, 2, 6, 2;

第二款 某些遗赠和遗产信托的期限有特别法规定：D. 36, 2, 2; D. 36, 2, 3; D. 36, 2, 9; D. 36, 2, 16, 1; D. 36, 2, 16, 2; D. 36, 2, 7, 6; D. 36, 2, 17; D. 36, 2,

8；D. 36，2，27，1；

第二条 遗赠和遗产信托开始归属时刻的效果：D. 36，2，5pr.；D. 36，2，5，6；D. 30，50；D. 36，2，5，7；D. 30，114，10；D. 30，91，3；D. 30，91，5；D. 30，91，2；D. 30，68pr.；D. 30，68，1；D. 36，2，14，3；

第二节 被遗赠物的所有权移转给受遗赠人：D. 31，80；D. 30，81，6；D. 34，5，15（16）；D. 30，86，2；D. 31，38；D. 33，2，4；D. 31，48；D. 30，69，1；D. 30，81；D. 35，1，105；D. 30，100；

第三节 所有权人和受遗赠人拥有的诉权：D. 31，76，8；D. 30，84，13；

第一条 遗嘱之诉的归属主体和对象：

第一款 归属主体：D. 31，8，4；D. 36，1，80（78），1；

第二款 遗嘱之诉的对象：D. 30，107pr.；D. 32，90；D. 30，4，1；D. 31，29，2；D. 31，29，1；D. 30，96，1；D. 31，77，7；D. 31，49，4；D. 31，61，1；D. 30，74；D. 31，82，1；D. 32，1，9；D. 32，1，10；D. 31，32，4；D. 34，1，16pr.；

第二条 多个继承人或者其他主体受遗嘱之诉约束的份额：D. 31，33pr.；D. 30，86，3；D. 30，124；D. 30，54，3；D. 32，25pr.；D. 30，8，1；D. 32，11，23；D. 32，11，24；D. 33，3，7；D. 30，122，1；D. 30，16，1；

第四节 遗赠和遗产信托的给付：

第一条 在某物被遗赠时，应该给付的内容：

第一款 给付被遗赠物的含义：D. 30，57；D. 31，85；

D. 31, 66, 6; D. 31, 26; D. 31, 76, 2; D. 30, 116, 4; D. 30, 69, 3; D. 30, 39, 5; D. 31, 77, 8; D. 30, 44, 8; D. 30, 56; D. 30, 70pr.; D. 30, 70, 1; D. 30, 70, 2; D. 30, 70, 3;

第二款 给付被遗赠物时，物所应处的状态，以及物的增加或减少归属于谁：D. 32, 16; D. 30, 24, 2; D. 31, 10; D. 34, 2, 14; D. 30, 39; D. 30, 21; D. 31, 65; D. 32, 24; D. 30, 24, 3; D. 30, 8pr.; D. 30, 84, 4; D. 30, 47, 5; D. 30, 108, 11;

第三款 应对谁给付被遗赠物，给付的地点：对象，D. 30, 16; 地点，D. 30, 47pr.; D. 30, 47, 1; D. 30, 108pr.; D. 30, 39pr.; D. 31, 8pr.;

第四款 给付被遗赠或被信托物的时间，可以或者不能延迟给付的原因：D. 31, 32pr.; D. 30, 71, 2; D. 30, 69, 4; D. 30, 67pr.; D. 34, 1, 22, 1; D. 30, 58; D. 30, 59; D. 30, 60; D. 30, 61;

第五款 是否属于被遗赠物的从物：D. 32, 52, 9; D. 32, 100, 3; D. 32, 102, 3; D. 32, 36, 3; D. 33, 2, 15, 1; D. 30, 44, 9; D. 30, 120, 2; D. 32, 26; D. 30, 39, 1 (到 item partus 处); D. 30, 91, 7; D. 32, 35pr.; D. 31, 78, 2; D. 33, 5, 21; D. 32, 41, 10; D. 31, 43, 2; D. 30, 91, 6; D. 31, 77, 17; D. 30, 39, 1;

第六款 无需给付被遗赠物的情况，以及此时应该作出的给付：D. 32, 30, 6; D. 32, 14, 2; D. 30, 71, 3; D. 30, 71, 4; D. 32, 11, 17; D. 30, 39, 3; D. 35, 1, 73; D. 30,

53, 9; D. 31, 78, 1; D. 30, 53, 4; D. 30, 53, 6; D. 31, 32, 5; D. 32, 15; D. 30, 48; D. 30, 69; D. 30, 47, 2; D. 34, 18, 2; D. 34, 2, 38, 1;

第二条 在死者意愿是行为时，遗嘱之诉对物的范围：D. 32, 11, 24; D. 33, 1, 2;

第五节 在被遗赠物处于受遗赠人和遗产信托受益人那里时，属于他们的抗辩：D. 31, 32, 1。

第四部分：遗赠和遗产信托的消灭方式。

第一节 遗赠和遗产信托由于其所在的遗嘱无效而消灭：D. 31, 81; D. 30, 125; D. 31, 76; D. 30, 50, 1;

第二节 遗赠和遗产信托自身消灭的不同方式：

第一条 遗赠和遗产信托由于受遗赠人或遗产信托受益人的死亡而消灭：D. 35, 1, 59pr.; D. 35, 1, 59, 1; D. 35, 1, 104; D. 36, 1, 59, 2; D. 31, 56;

第二条 遗赠和遗产信托由于被遗赠物的毁损而消灭：

第一款 如果毁损不是由于应给付人的过错或者迟延而导致，被遗赠物的毁损使遗赠消灭：D. 30, 26, 1; D. 34, 3, 21, 1; D. 32, 22, 2; D. 30, 114, 19; D. 30, 36, 3; D. 31, 8, 2; D. 32, 52, 2; D. 30, 22; D. 32, 79pr.; D. 31, 49pr.; D. 32, 88, 2; D. 34, 2, 12; D. 30, 53, 5; D. 31, 63; D. 30, 53, 3; D. 30, 53, 8; D. 30, 47, 4; D. 30, 39, 1 (从 ipsius quoque 处起); D. 30, 47, 6;

第二款 物被认为如同毁损的情况：D. 34, 2, 6pr.; D. 34, 2, 6, 1; D. 32, 88, pr.; D. 30, 44, 2; D. 30, 44, 3; D. 30, 44, 4; D. 32, 88, 3; D. 34, 2, 32, 8; D. 34,

2, 32, 9; D. 30, 65, 2; D. 30, 24, 4;

第三条 遗赠和遗产信托由于被遗赠物处于不能被遗赠的状态而消灭: D. 30, 35; D. 30, 41, 15; D. 30, 41, 16; D. 30, 42; D. 30, 43pr. ; D. 30, 112, 1; D. 40, 4, 40pr. ; D. 40, 4, 40, 1; D. 31, 66, 4; D. 30, 53, 7;

第四条 遗赠和遗产信托由于受遗赠人或遗产信托受益人的拒绝以及这种拒绝的效果而消灭: D. 30, 38, 1;

第一款 可以拒绝遗赠或者遗产信托的主体,以及对哪些物的拒绝会消灭遗赠: D. 30, 7; D. 33, 5, 10; D. 33, 5, 18;

第二款 何时可以拒绝遗赠: D. 31, 45, 1;

第三款 是否可以部分拒绝遗赠: D. 31, 4; D. 31, 58; D. 30, 38pr. ; D. 30, 81, 1; D. 31, 5pr. ; D. 31, 5pr. ; D. 31, 2; D. 31, 6; D. 31, 27; D. 31, 8pr. ;

第四款 是否可以默示拒绝遗赠或遗产信托,何时认为以这种方式拒绝: D. 31, 120, 1; D. 31, 88, 14; D. 31, 89, 4; D. 30, 92; D. 31, 34, 2; D. 31, 79; D. 30, 101pr. ;

第五条 对从物的遗赠由于对主物遗赠的消灭而消灭: D. 33, 8, 1; D. 33, 8, 2; D. 31, 65, 1; D. 30, 63; D. 30, 62; D. 33, 8, 3; D. 33, 8, 4。

第五部分:在遗赠或者遗产信托消灭或者自始无效时,物应该归属于谁,此时也要考虑关于遗产落空的法律(leggi Caducarie)和增添权(diritto di accrescimento): D. 30, 81, 8。

第一节 受遗赠人或遗产信托受益人未获得遗赠,也没有替代人或近亲属:

第一条 关于遗产落空的措施以及落空情况中的措施：

第一款 遗产落空措施的种类数量，以及落空情况中的措施：D. 34, 9, 26; D. 34, 8, 3, 1;

第二款 作为对单身以及没有子孙惩罚而引入的失权种类：D. 50, 16, 149; D. 50, 16, 149; D. 31, 52;

第三款 丈夫或妻子不能受领另一方通过遗嘱而作出的遗赠的全部；

第四款 被认为无能力的主体，以及无能力的范围：D. 31, 42; D. 32, 28; D. 35, 1, 62, 1; D. 32, 37, 6; D. 32, 87; D. 36, 1, 69 (67), 3; D. 32, 7/pr.;

第五款 关于那些被遗赠给有能力主体，但其是为了返还给无能力主体的落空遗产（cose caduche）的种类：D. 34, 9, 10pr.; D. 30, 103; D. 30, 123, 1; D. 34, 9, 25; D. 34, 9, 10, 1; D. 34, 9, 10, 2; D. 35, 2, 13; D. 34, 9, 23; D. 34, 9, 18, 2;

第六款 失权情况下的物或者落空遗产的归属：D. 31, 57;

第七款 和落空遗产相关的义务：D. 35, 1, 60, 1; D. 31, 29pr.; D. 33, 2, 9;

第八款 遗产落空法的废除;[1]

第二条 物被分配而未被接受，或者因为其他原因导致死者遗愿未能实现;[2]

---

[1] 和其他相比，这款会有更多片段外在于我所援引的各卷，因为他们来自优士丁尼法典或者狄奥多西法典，特别还来自 *Fr. ex Corpore Ulpiani*。因此，波蒂埃的重构显得不那么清楚。

[2] 这款涉及的文本也外在于我所援引的各卷。

第三条 遗产信托不是由继承人负担,而是另外一人,遗产信托在未能实现时归属于后者:D.32,38,6;D.31,60;D.31,17pr.;D.31,88,13;D.34,4,31,1;

第二节 未取得遗赠或遗产信托的受遗赠人或遗产信托受益人和他人关联的情况。

第一条 "关联"种类的数量:

第一款 被认为"基于言辞而相关"的主体:D.30,36,2;D.30,112,2;D.30,121;

第二款 "基于物而相关"的含义:D.32,80;D.30,79;D.30,17,1;D.32,41,1;D.31,20。

第二条 当各种"关联"都被遗赠所承认时,学说汇纂关于各种"关联"的法是什么;以及在"关联各方"中的某人缺乏时,何时发生增添权:

第一款 "只是基于物而相关"的效果:D.32,20;D.30,82,5;D.31,13pr.;D.31,13,1;D.33,2,14;D.30,34,10;D.35,1,30;

第二款 "基于物和基于言辞而相关"的效果:D.31,7;D.32,38,2;D.30,34,9;D.30,84,8;D.30,16pr.;D.30,16,2(到 vindicabit 处);D.30,85;D.30,33;D.32,10;D.30,15,1;

第三款 "只是基于言辞而相关"的效果:D.30,16,2(从 sed si testator 处起);D.30,84,12。

第三条 多个"关联人"之间遗赠的分配,他们之前如何分配各个部分:D.30,16,2;D.30,84,12;D.30,19,2;D.30,67,1;D.31,88,6;D.34,5,5(6),1;

D. 34, 5, 6 (7); D. 34, 5, 7 (8) pr. ; D. 30, 34pr. ; D. 33, 2, 26, 1;

第四条 关于增添权的多个问题：第一个问题，D. 35, 1, 26, 1; 第二个问题，D. 30, 12pr. ; D. 31, 55pr. ; D. 31, 59; D. 31, 40; 第三个问题，D. 32, 89; 第四个问题，D. 31, 41pr. 。

第六部分：关于遗赠或遗产信托的一些特别类型。

第一节 关于将某物赠给多个人中"继承人选择"的那个的遗赠或遗产信托类型：D. 34, 5, 7 (8), 1。

第一条 可以作出此种遗赠或遗产信托的方式：

第一款 第一种是关于多个人中，"继承人选择"的那个人获得遗赠：D. 31, 17, 1; D. 31, 24; D. 31, 25;

第二款 第二种是多个人中，"继承人在死亡时候选择"的那个人获得遗赠：D. 31, 67, 7; D. 31, 77, 4; D. 36, 1, 18 (17), 6; D. 31, 67, 2; D. 31, 77, 10; D. 31, 67, 3; D. 31, 67, 4;

第三款 第三种是母亲应该对"每个子女依据其应当的"给付遗赠：D. 31, 77, 25;

第二条 在上述种类中，人们思考，被选择的人是从继承人还是立遗嘱人那里获得遗赠：D. 31, 67pr. ; D. 31, 67, 1; D. 31, 67, 5; D. 31, 67, 6;

第二节 由于转让禁止而引入的遗产信托的种类。

第一条 转让禁止引入遗产信托的时间：D. 30, 114, 14; D. 32, 38, 4; D. 32, 93pr. ; D. 31, 77, 24; D. 32, 38, 7;

第二条 会产生这种遗产信托的转让：D. 30, 114, 15;

D. 32, 38, 3；D. 31, 77, 28；D. 30, 114, 14（最后部分，从 sed haec 处起）；D. 31, 78, 4；D. 32, 38pr.；

第三条 对哪些物的转让会产生遗产信托：D. 32, 38, 5；D. 31, 88, 15；

第四条 为了产生遗产信托，应对谁转让物；以及遗产信托的发生时点和涉及主体：D. 30, 114, 17；D. 30, 114, 18；D. 32, 94；D. 31, 78, 3；D. 31, 32, 6；D. 31, 69, 3；D. 31, 69, 4；D. 30, 114, 16；D. 31, 77, 11；D. 32, 38, 1；D. 31, 77, 27；

第三节 禁止对特定人遗赠而引入的遗产信托：D. 31, 88, 16。

第四节 关于不同物的不同的遗赠和遗产信托。

第一条 关于遗产或财产的遗赠与遗产信托；

第一款 某人赠与部分遗产或其财产的遗赠：D. 30, 26, 2；D. 30, 27；D. 30, 23；D. 31, 8, 5；D. 31, 9；

第二款 某人赠与他自己或者别人获得的他人遗产的遗赠或遗产信托：D. 31, 77, 19；D. 32, 29, 2；D. 31, 88, 2；D. 31, 76, 1；D. 31, 77, 20；D. 31, 34, 2；D. 36, 1, 18 (17), 1；

第二条 个别物的遗赠，这些物似乎主要由权利构成：

第一款 对亲笔字据或者债权的遗赠：D. 32, 59；D. 30, 44, 5；D. 30, 44, 6；D. 30, 105；D. 31, 88, 8；

第二款 对管理人或佃农应该支付的债务的遗赠：D. 32, 91pr.；D. 33, 7, 20, 3；D. 32, 97；

第三款 关于债权债务的登记本：D. 32, 64；D. 33, 7, 6；

第四款 对商业或者银行企业的遗赠：D.31，77，16；

第五款 租赁的遗赠：D.32，30，1；

第六款 对粮食供给券或者职位的遗赠：D.31，49，1；

第三条 对本来分给某人的物的遗赠：

第一款 立遗嘱人将本来分配给妻子或为妻子购买的物遗赠给她：D.32，45（到 gratia parantur 处）；D.32，49pr.；D.34，2，13；D.32，45（从 sed quae videantur 处起）；D.32，49，2；D.31，35；D.32，78，6；D.32，49，1；D.32，58；

第二款 单纯为妻子购买的物的遗赠，和前者的区别与相似：D.32，49，3；D.32，47pr.；D.32，47，1；D.32，48；D.32，49，5；D.32，49，6；D.34，2，3；D.34，2，2；D.34，2，10；D.32，60，2；D.32，46；

第三款 没有给妻子而给其他人的此类遗赠：D.32，46；D.32，49，7；D.32，49，4；D.32，29pr.；

第四款 对供立遗嘱人自己使用的物的遗赠：D.34，2，28；D.34，2，5；

第四条 关于奴隶的遗赠：D.32，81，1；D.32，69，1；D.32，99pr.；D.32，99，2；D.32，60，1；D.32，99，1；D.D.32，99，3；D.32，65，3；D.32，61；D.32，99，4；D.32，65，1；D.32，65，2；D.32，65pr.；

第五条 关于动物的遗赠：D.32，65，4；D.32，81，2；D.32，1，3；D.32，65，5；D.32，65，7；D.32，81，4；D.32，81，5；D.32，60pr.；D.32，66；

第六条 关于"柴火"和"建筑材料"：D.32，55pr；

第一款 关于"柴火"的遗赠：D. 32, 55, 1；D. 32, 55, 4；D. 32, 55, 5；D. 32, 55, 6；D. 32, 55, 3；D. 32, 55, 2；D. 32, 55, 7；D. 32, 55, 8；D. 32, 55, 9；D. 32, 55, 10；

第二款 关于"建筑材料"的遗赠：D. 32, 56；D. 32, 57。

第七条 关于羊毛、亚麻、红布和彩色织物的遗赠：

第一款 关于羊毛：D. 32, 70, 9；D. 32, 70, 1；D. 32, 70, 8；D. 32, 70, 2；D. 32, 70, 3；D. 32, 70, 4；D. 32, 70pr.；D. 32, 88pr.；D. 32, 70, 5；D. 32, 70, 6；D. 32, 70, 7；D. 32, 70, 10；

第二款 关于亚麻：D. 32, 70, 11；

第三款 关于红布：D. 32, 70, 13；

第四款 关于彩色织物：D. 32, 70, 12；D. 32, 78, 5。

第八条 关于书本、纸张、图书馆、珠宝盒的遗赠：

第一款 关于书本：D. 32, 52pr.；D. 32, 52, 1；D. 32, 52, 3；D. 32, 52, 5；

第二款 关于纸张：D. 32, 52, 4（到 appellant 处）；D. 32, 76；D. 32, 52, 4（从 quid ergo 处起）；D. 32, 52, 6；

第三款 关于图书馆：D. 32, 52, 7；

第四款 关于珠宝盒：D. 32, 52, 8；D. 32, 53, 1。

第六部分的附录：最终意愿的一种特别类型，立遗嘱人规定应该完成的行为，是为了纪念他的形象，或者类似的不为任何人利益的负担：D. 33, 1, 7；D. 35, 1, 27；D. 35, 1, 6pr.；D. 30, 113, 5。

5. 即将结束之际，我要表示感谢：对拉丁文本的翻译是由中央财经大学的殷秋实博士在北京完成的，他在 2017 年于罗马第一大学非常出色地完成了"罗马法、法的理论和市场中的私法"的博士学位。

该工作在北京完成，由腊兰博士（Prof. Lara Colangelo）远程进行校对。

该翻译工作是学说汇纂全文的拉丁文本翻译计划的一部分，该计划已然开启，并已经出版数卷。该计划由"罗马法背景下的中国法典化及法学人才培养研究中心"负责，合作机构有罗马第一大学、罗马第二大学、中国政法大学、意大利国家科研委员会人义与社会科学部。相关出版在研究中心的支持下实现。

桑德罗·斯奇巴尼
罗马第一大学罗马法荣休教授
研究中心主任
2019 年 11 月 2 日于罗马

凡 例

一、本书采用拉丁文与中文对照形式编排，拉丁文在左，中文居右。书中的拉丁文原文来源于意大利罗马第一大学桑德罗·斯奇巴尼教授主编的 *IUSTINIANI AUGUSTI DIGESTA SEU PANDECTAE*（MILANO-DOTT. A. GIUFFRè EDITORE-2007）一书。

二、拉丁文原文下方脚注中的"Mo.－Kr."是指"*Corpus Iuris Civilis*, *Volumen Primum*, …*Digesta*, *ricognovit Theodorus Mommsen*, *Retractavit Paulus Krueger*［*editio stereotypa duodecima*, 1911］, rist. Hildesheim, 2000"一书。

三、为了中文读者阅读及引用方便，译者将拉丁文片段用"D"、"pr."和阿拉伯数字进行了重新标示，如"D. 12, 1, 1pr.""D. 12, 1, 1, 1"等。

四、优士丁尼《学说汇纂》的原始文献中并无标点。此书拉丁文中的标点皆为法史鸿儒蒙森所加。为了照顾中文的表达习惯，译文中的标点与拉丁文中的标点不尽对应。

五、部分片段结尾处用的是逗号、冒号或分号等不是表示句子完结的标点，甚至可能没有任何标点，乃是因为它们与下一片段关系密切，共同构成一个完整的论述。

六、译文中"（）"里的内容，要么是对拉丁文原文固有内容的翻译，要么是为了便于读者理解，有必要放于其中的拉丁文专有名词，如"消费借贷（mutuum）"。

七、译文中"【】"里的内容，是译者为了文义的明确或者文气的贯通而做的"添加"。

八、文中人名、地名原则上按照拉丁文音译，除非已有通常译法，不宜另起炉灶，如"乌尔比安""保罗""罗马"等。法律术语之翻译，则多从斯学先达，未敢擅自发明。

译者

2022 年 1 月 12 日

优士丁尼学说汇纂

第三十二卷

遗赠和遗产信托

IUSTINIANI AUGUSTI DIGESTA
SEU PANDECTAE

LIBER XXXII

DE LEGATIS ET FIDEICOMMISSIS

D. 32, 1pr. *Ulpianus libro primo fideicommissorum**

Si incertus quis sit, captivus sit an a latrunculis obsessus, testamentum facere non potest. sed et si sui iuris sit ignarus putetque se per errorem, quia a latronibus captus est, servum esse velut hostium, vel legatus qui nihil se a captivo differre putat, non posse fideicommittere certum est, quia nec testari potest, qui, an liceat sibi testari, dubitat.

D. 32, 1, 1

Sed si filius familias vel servus fideicommissum reliquerit, non valet: si tamen manumissi decessisse proponantur, constanter dicemus fideicommissum relictum videri, quasi nunc datum, cum mors contingit, videlicet si duraverit voluntas post manumissionem. haec utique nemo credet in testamentis nos esse probaturos, quia nihil in testamento valet, quotiens ipsum testamentum non valet, sed si alias fideicommissum quis reliquerit.

D. 32, 1, 2

Hi, quibus aqua et igni interdictum est, item deportati fideicommissum relinquere non possunt, quia nec testamenti faciendi ius habent, cum sint ἀπόλιδες.

---

* 译者注：第 32 卷没有分章，从 D. 32, 1 连续排列到 D. 32, 103，故本卷没有目录。

D. 32, 1pr. 乌尔比安,《遗产信托》第 1 卷

如果一个人不确定自己是敌人的俘虏还是被强盗扣押,他就不能立遗嘱。另外,如果一个人不知道自己的法律状况,在被强盗扣押期间,错误地认为自己是奴隶(如同敌人的俘虏);或者一个使节相信自己和【敌人的】俘虏没有区别,此时可以确定他不能设立遗产信托,因为不能确定自己是否可以合法立遗嘱的人并不能设立遗嘱。

D. 32, 1, 1

如果处在家父权下的家子或者奴隶设立遗产信托,这个遗产信托无效。但是,在【奴隶】被解放后才死亡时,只要【设立遗产信托的】意愿在解放后仍然持续,我们一致认为遗产信托如同是在死亡的时候作出。无论如何,不要认为我们认可【在此种主体设立的无效】遗嘱中存有这种【有效的遗产信托】,因为一旦遗嘱无效,其所有的内容都无效,而上面提到的有效【只能】是一个人以另外的形式设立遗产信托。

D. 32, 1, 2

被禁绝水火【并被流放】以及被放逐的人不能设立遗产信托,因为作为无国籍人,他们也并没有立遗嘱的权利。

D. 32, 1, 3

Deportatos autem eos accipere debemus, quibus princeps insulas adnotavit vel de quibus deportandis scripsit: ceterum prius quam factum praesidis comprobet, nondum amisisse quis civitatem videtur. proinde si ante decessisset, civis decessisse videtur et fideicommissum, quod ante reliquerat, quam sententiam pateretur, valebit: sed et si post sententiam, antequam imperator comprobet, valebit quod factum est, quia certum statum usque adhuc habuit.

D. 32, 1, 4

A praefectis vero praetorio vel eo, qui vice praefectis ex mandatis principis cognoscet, item a praefecto urbis deportatos (quia ei quoque epistula divi Severi et imperatoris nostri ius deportandi datum est) statim amittere civitatem et ideo nec testamenti faciendi ius nec fideicommittendi constat habere.

D. 32, 1, 5

Si quis plane in insulam deportatus codicillos ibi fecerit et indulgentia imperatoris restitutus isdem codicillis durantibus decesserit, potest defendi fideicommissum valere, si modo in eadem voluntate duravit.

D. 32, 1, 6

Sciendum est autem eorum fidei committi quem posse, ad quos aliquid perventurum est morte eius, vel dum eis datur vel dum eis non adimitur.

D. 32, 1, 3

我们认为,那些被皇帝放逐孤岛的人,或者皇帝发布命令认为应该驱逐的人,也属于被放逐的人。不过,【在皇帝】确认【行省】总督的行为之前,当事人还没有丧失市民身份,因此,如果他在之前去世,那么他是以市民身份死去的,他被判罚之前所设立的遗产信托是有效的。在判罚之后、皇帝确认之前的遗产信托也是有效的,因为直到确认之前,他都有确定的【法律】身份。

D. 32, 1, 4

但是,那些被禁卫长官、基于皇帝委任而行使审判权的人,或者城市长官(塞维鲁皇帝和我们的皇帝[卡拉卡拉]的敕函授予了放逐的权力)放逐的人立刻丧失他们的市民身份,因此他们既没有立遗嘱的权利,也不能设立遗产信托。

D. 32, 1, 5

当然,如果被放逐到孤岛的人订立了遗嘱附书,后来由于皇帝的赦免而恢复了权利,在死亡的时候没有撤销遗嘱附书,可以认为遗产信托是有效的,只要这个意愿一直维持。

D. 32, 1, 6

另外,遗产信托可以委托给这种主体,即因立遗嘱人的死亡而即将获得某物的人,无论是给他们某物,或者某物没有被剥夺。

D. 32, 1, 7

Nec tantum proximi bonorum possessoris, verum inferioris quoque fidei committere possumus.

D. 32, 1, 8

Sed et eius, qui nondum natus est, fidei committi posse, si modo natus nobis successurus sit.

D. 32, 1, 9

Illud certe indubitate dicitur, si quis intestatus decedens ab eo, qui primo gradu ei succedere potuit, fideicommissum reliquerit, si illo repudiante ad sequentem gradum devoluta sit successio, eum fideicommissum non debere: et ita imperator noster rescripsit.

D. 32, 1, 10

Sed et si a patrono sit relictum et aliquis ex liberis eius mortuo eo admissus sit ad bonorum possessionem, idem erit dicendum.

D. 32, 2 *Gaius libro primo fideicommissorum*

Ex filio praeterito, licet suus heres erit, fideicommissum relinqui non potest.

D. 32, 1, 7

我们不仅可以让最近顺位的遗产占有人承担遗产信托，也可以委托给那些更低顺位的人。

D. 32, 1, 8

我们还可以让那些没有出生的人承担遗产信托，只要他们一出生就会发生继承。

D. 32, 1, 9

毫无疑问的是，若某人没有设立遗嘱就死亡，但是让第一顺位继承人承担遗产信托，如果第一顺位继承人拒绝遗产，那么遗产由下一个顺位的继承人继承，但是他并不需要执行遗产信托。我们的皇帝【卡拉卡拉】是这样批复的。

D. 32, 1, 10

同样的规则也适用于以下情况：【解放自由人】设立【遗产信托】，委托庇主执行，在庇主死亡后，他的一个家子取得遗产占有。

D. 32, 2 盖尤斯，《遗产信托》第 1 卷

不能将遗产信托委托给被遗漏的家子，即使他会是自己的继承人。

D. 32, 3pr. *Ulpianus libro primo fideicommissorum*

Si mulier dotem stipulata fuerit et accepto tulit marito in hoc dotem, ut fideicommissum det, dicendum est fideicommissum deberi: percepisse enim aliquid a muliere videtur. haec ita, si mortis causa donatura mulier marito fecit acceptum. sed et si mortis causa auxerit marito dotem vel in matrimonium eius mortis causa redierit, potest dici fideicommissum ab eo deberi.

D. 32, 3, 1

Iulianus scribit, si servus mihi legatus sit eumque manumittere rogatus sim, fideicommissum a me relinqui non posse, scilicet si pure roget: nam si sub condicione vel in diem, propter fructum medii temporis posse me obligari nec Iulianus dubitaret.

D. 32, 3, 2

Si rem quis debeat ex stipulatu ei cui rem legaverit, fidei committere eius non poterit, licet ex legato commodum sentire videatur, quod dominium nanciscitur statim nec exspectat ex stipulatu actionem: fortassis quis dicat et sumptus litis, quem sustineret, si ex stipulatione litigaret, eum lucrari. sed nequaquam dicendum est huius fidei committi posse.

D. 32, 3pr. 乌尔比安,《遗产信托》第 1 卷

如果妻子就【返还】嫁资缔结要式口约后,免除丈夫【返还嫁资的义务】,以使其设立遗产信托,那么这个遗产信托有效:这是因为,人们认为【丈夫】从妻子那里获得了某物。同样的情况是,妻子意图实施死因赠与而正式免除丈夫的义务。不过,即使【妻子】因死亡而为丈夫利益增加了嫁资,或者由于死亡而重归婚姻关系【重设嫁资而使其留在丈夫处】,丈夫仍然有义务实施遗产信托。

D. 32, 3, 1

尤里安认为,如果我被遗赠了一个奴隶,并被要求解放这个奴隶,就不能再让我负担遗产信托,当然,这是我被直接委托,没有附加条件和期限的情况。如果【对我的委托】附加有条件或者终期,尤里安并不怀疑我应该受约束,因为我在悬停期限能够获得【奴隶活动所带来的】收益。

D. 32, 3, 2

如果一个人【对某人以物权效力】遗赠某物,而他对某人基于要式口约也应该给付这个物,那么就不能让这个人负担遗产信托,即使可以认为债权人能够从遗赠中获得利益,因为通过遗赠他可以立刻获得所有权,而无需等待要式口约所产生的诉讼。有些人可能认为债权人还可以节省诉讼费用,也就是他如果主张要式口约之诉可能会产生的费用。但是,无论如何不能承认这个时候对债权人可以委托遗产信托。

D. 32, 3, 3

Sed si habenti tibi proprietatem usum fructum mortis causa cessero, potest dici fideicommittere me posse. nec quemquam moveat, quod usus fructus solet morte exstingui: nam medii potius temporis, quo vivat qui donavit, commodum cogitemus.

D. 32, 3, 4

Si autem pignus debitoris liberavero mortis causa et eius fidei commisero, non potest valere fideicommissum.

D. 32, 4 *Paulus libro quarto sententiarum*

A patre vel domino relictum fideicommissum, si hereditas ei non quaeratur, ab emancipato filio vel servo manumisso utilibus actionibus postulatur: penes eos enim quaesitae hereditatis emolumentum remanet.

D. 32, 5pr. *Ulpianus libro primo fideicommissorum*

Si fuerit municipio legatum relictum, ab his qui rem publicam gerunt fideicommissum dari potest.

D. 32, 5, 1

Si quis non ab herede vel legatario, sed ab heredis vel legatarii herede fideicommissum reliquerit, hoc valere benignum est.

D. 32, 3, 3

如果我通过死因【赠与】移转【某物的】用益权给你，而你是这个物的所有权人，可以认为我能够让你【负担】遗产信托。认为【用益权人】死亡，用益权应该消灭的反对并不成立。事实上，我们应该考虑到赠与人还活着的期间内，【受赠人可以享受到】利益。

D. 32, 3, 4

如果我通过死因【赠与】放弃了【我的】债务人的质押，然后让他负担遗产信托，这个遗产信托无效。

D. 32, 4 保罗，《论点集》第 4 卷

【某在家父权下的家子或某奴隶获得一份遗产】家父或者主人被要求负担遗产信托，如果家父或者主人【由于对继承人权力的终止】并没有获得遗产，【遗产信托】可通过扩用之诉而对脱离父权的家子或者被解放的奴隶主张：事实上，他们所获得的遗产的利益仍然停留在他们那里。

D. 32, 5pr. 乌尔比安，《遗产信托》第 1 卷

如果自治市获得了遗赠，那么可以让这个自治市的管理者负担遗产信托。

D. 32, 5, 1

如果一个人不是让自己的继承人或者受遗赠人负担遗产信托，而是让继承人的继承人或者受遗赠人的继承人负担，合理的解释是这个遗产信托是有效的。

D. 32, 6pr. *Paulus libro primo fideicommissorum*

Sed et si sic fideicommissum dedero ab herede meo: 'te rogo, Luci Titi, ut ab herede tuo petas dari Maevio decem aureos', utile erit fideicommissum, scilicet ut mortuo Titio ab herede eius peti possit: idque et Iulianus respondit.

D. 32, 6, 1

Sic autem fideicommissum dari non poterit: 'si Stichus Seii factus iussu eius hereditatem adierit, rogo det', quoniam qui fortuito, non iudicio testatoris consequitur hereditatem vel legatum, non debet onerari, nec recipiendum est, ut, cui nihil dederis, eum rogando obliges.

D. 32, 7pr. *Ulpianus libro primo fideicommissorum*

Si deportati servo fideicommissum fuerit adscriptum, ad fiscum pertinere dicendum est, nisi si eum deportatus vivo tes-tatore alienaverit vel fuerit restitutus: tunc enim ad ipsum debebit pertinere.

D. 32, 7, 1

Si miles deportato fideicommissum reliquerit, verius est, quod et Marcellus probat, capere eum posse.

LIBER TRIGESIMUS SE CUNDUS
DE LEGATIS ET FIDEICOMMISSIS

D. 32, 6pr. 保罗，《遗产信托》第 1 卷

如果我以如下方式要求我的继承人负担遗产信托：我请求你，卢修斯·蒂齐奥，去要求你的继承人给梅维奥斯十金币。这个遗产信托是有效的，方式是，一旦蒂齐奥死亡，可以请求他的继承人实施遗产信托。尤里安也如此认为。

D. 32, 6, 1

但是，不能这么设立遗产信托："如果斯蒂科斯变成塞尤斯的【财产】，且斯蒂科斯基于塞尤斯的命令接受了遗产，我要求塞尤斯给付某物。"由于偶然事件，而非立遗嘱人的决定而获得遗产或者遗赠的人，不应该负担【遗产信托】。如果你没有给某人任何东西，就要求某人实施【遗产信托】，这是不被认可的。

D. 32, 7pr. 乌尔比安，《遗产信托》第 1 卷

如果通过书面形式为一个被驱逐人的奴隶设立遗产信托，这个遗产信托应该归属国库，除非在立遗嘱人生存期间，被驱逐人转让奴隶，或者他复境而恢复民事权利，此时，这个遗产信托应归属于他。

D. 32, 7, 1

如果一个军人为被驱逐人设立遗产信托，后者可以获得遗产信托，马尔切勒也这么认为。

D. 32, 7, 2

Si quis creditori suo legaverit id quod debet, fidei committi eius non poterit, nisi commodum aliquod ex legato consequatur, forte exceptionis timore vel si quod in diem debitum fuit vel sub condicione.

D. 32, 8pr. *Paulus libro primo fideicommissorum*

Si legatarius, a quo fideicommissum datum est, petierit legatum, id tantum, quod per iudicem exegerit, praestare fideicommissario cogetur vel, si non exegerit, actione cedere: ad eum enim litis periculum spectare iniquum est, si non culpa legatarii lis perierit.

D. 32, 8, 1

Servo heredis fideicommissum utiliter non relinquitur, nisi fidei eius commiserit, ut servum manumittat.

D. 32, 8, 2

Cum ita petisset testator, ut, quidquid ex bonis eius ad patrem pervenisset, filiae suae ita restitueret, ut eo amplius haberet, quam ex bonis patris habitura esset, divus Pius rescripsit manifestum esse de eo tempore sensisse testatorem, quod post mortem patris futurum esset.

D. 32, 7, 2

如果一个人遗赠给他的债权人他本应该给付的东西,就不能要求债权人负担遗产信托,除非债权人能够从遗赠中获益:例如,【免除】可能遭受抗辩的担心,或者债务有条件或者期限。

D. 32, 8pr. 保罗,《遗产信托》第 1 卷

如果负担有遗产信托的受遗赠人起诉请求遗赠,他只需在通过法官获得的财产范围内给付信托受益人;如果他没有获得【任何东西,则应该】移转他的诉权:事实上,如果诉讼不是由于他的过错而失败,让受遗赠人承担诉讼的风险是不公平的。

D. 32, 8, 1

不能有效地为继承人的奴隶设立遗产信托,除非要求继承人负担解放奴隶的遗产信托。

D. 32, 8, 2

因为立遗嘱人【通过遗产信托】要求家父把从死者那里获得的财产交给家女,以便让家女获得比她从家父那里本会得到的更多的财产,安东尼·庇护皇帝通过批复确认立遗嘱人意指的是家父死亡之后的时间。

D. 32, 9 Maecianus libro primo fideicommissorum

Si ita fuerit fideicommissum relictum: 'ad quemcumque ex testamento meo vel ab intestato' vel ita: 'ad quemcumque quoquo iure bona mea perveniant': hac oratione et eius, qui postea natus erit inve familiam venerit et eius, qui postea cognatus esse coeperit, fidei commissum videtur: eius quoque, quae nondum nupta erit, sed postea eo casu, quo ex edicto ad uxorem bona mariti intestati solent pertinere.

D. 32, 10 Valens libro secundo fideicommissorum

Si tibi et ei, qui ex tribus liberis meis in funus meum venerit, centum aureos legavero, non minuitur in tua persona legatum, si nemo venit.

D. 32, 11pr. Ulpianus libro secundo fideicommissorum

Fideicommissa quocumque sermone relinqui possunt, non solum Latina vel Graeca, sed etiam Punica vel Gallicana vel alterius cuiuscumque gentis.

D. 32, 11, 1

Quotiens quis exemplum testamenti praeparat et prius decedat quam testetur, non valent quasi ex codicillis quae in exemplo scripta sunt, licet verba fideicommissi scriptura habeat: et ita divum Pium decrevisse Maecianus scribit.

D. 32，9 梅西安，《遗产信托》第 1 卷

如果一个遗产信托是这样设立的:"给任何基于我的遗嘱或者无遗嘱【而继承我】的人",或者"给任何基于各种权利获得我财产的人",这种表达包括后来出生或未来成为家庭成员的人,包括后来成为血亲的人,还包括那些当时没有【和立遗嘱人】结婚但后来【结婚】的人——依据告示,如果丈夫无遗嘱死亡,通常是妻子获得遗产。

D. 32，10 瓦伦斯,《遗产信托》第 2 卷

我遗赠 100 金币给你和我的三个家子中会出席我的葬礼的人,如果没有任何一个家子【在葬礼】出现,对你的遗赠不会减少。

D. 32，11pr. 乌尔比安,《遗产信托》第 2 卷

遗产信托可以以任意语言设立:不限于拉丁语和希腊语,也可以是迦太基语、高卢语或者任何其他民族【的语言】。

D. 32，11，1

如果一个人准备了遗嘱的草稿,在立遗嘱前死亡,那么写在草稿中的内容不能作为遗嘱附书生效,即使使用了遗产信托的语言。依据梅西安的著作,安东尼·庇护皇帝也是如此规定的。

D. 32, 11, 2

Si ita quis scripserit: 'illum tibi commendo', divus Pius rescripsit fideicommissum non deberi: aliud est enim personam commendare, aliud voluntatem suam fideicommittentis heredibus insinuare.

D. 32, 11, 3

Cum esset quis rogatus restituere portionem accepta certa quantitate, responsum est ultro petere ipsum fideicommissum ab herede posse. sed utrum, si volet, praecipiet restituetque portionem, an vero et si noluerit, cogatur accepta quantitate portionem restituere, propriae est deliberationis. et sane cum quis rogatur accepta certa quantitate portionem restituere, duplex est fideicommissum, unum, ut possit petere quantitatem paratus portione cedere, aliud, ut et si non petet, tamen cogatur fideicommissario restituere parato praestare quantitatem.

D. 32, 11, 4

Si quis ita scripserit: 'sufficiunt tibi vineae vel fundus', fideicommissum est, quoniam et illud fideicommissum esse arbitramur: 'contentus esto illa re'.

D. 32, 11, 2

如果一个人如此写道："我向你推荐某人。"安东尼·庇护皇帝通过批复规定这里没有设立遗产信托。推荐某人是一回事，而表示自己要对继承人委托遗产信托的意愿则是另一回事。

D. 32, 11, 3

【基于遗产信托】某人被请求在接受一定数量【的种类物】后返还部分【遗产】，这里的回答是，可以通过诉讼要求继承人实施遗产信托。不过，属于【继承人】自己决定的是，他是首先接受【种类物】，然后返还部分【遗产】；还是在接受种类物后，被强迫返还部分遗产，尽管其本来并不愿意。当然，如果某人被请求在其接受一定数量【的种类物】后返还部分【遗产】，遗产信托是双重的：一个是如果准备好转让部分遗产，他可以通过诉讼请求一定数量的种类物给付；另一个是，虽然未主张【一定数量的种类物】，但是，如果受益人已经准备好给付一定数量的种类物，他会被强制给付部分遗产给受益人。

D. 32, 11, 4

如果一个人这样写道："葡萄园或者土地对你就足够了"，这里是一个遗产信托，因为我们认为，"你应该满足于这些东西"的说法也是遗产信托。

D. 32, 11, 5

Sic fideicommissum relictum: 'nisi heres meus noluerit, illi decem dari volo' quasi condicionale fideicommissum est et primam voluntatem exigit: ideoque post primam voluntatem non erit arbitrium heredis dicendi noluisse.

D. 32, 11, 6

Hoc autem 'cum voluerit' tractum habet, quamdiu vivat is, a quo fideicommissum relictum est: verum si antequam dederit, decesserit, heres eius praestat. sed et si fideicommissarius, antequam heres constituat, decesserit, ad heredem suum nihil transtulisse videtur: condicionale enim esse legatum nemini dubium est et pendente condicione legati videri decessisse fideicommissarium.

D. 32, 11, 7

Quamquam autem fideicommissum ita relictum non debeatur 'si volueris', tamen si ita adscriptum fuerit: 'si fueris arbitratus' 'si putaveris' 'si aestimaveris' 'si utile tibi fuerit visum' vel 'videbitur', debebitur: non enim plenum arbitrium voluntatis heredi dedit, sed quasi viro bono commissum relictum.

D. 32, 11, 5

一个遗产信托是这样设立的:"我想给那个人10,除非我的继承人不愿意。"这如同一个附条件的遗产信托,首先需要继承人的同意。一旦继承人同意,他就不能改变主意,声称自己不愿意给付。

D. 32, 11, 6

以及,"当他愿意的时候"的遗赠,包含一个期限,即受托人的生存期间。此外,如果受托人在【同意后】给付之前死亡,那么受托人的继承人应该为给付。但是,如果遗产信托受益人在继承人决定履行遗产信托之前死亡,那么受益人的继承人并不能获得任何东西。事实上,毫无疑问的是遗赠附有条件,而受益人是在条件悬停期间死亡的。

D. 32, 11, 7

尽管"如果你愿意"这样的遗产信托并没有什么约束力,但是,以下方式表达的【遗产信托】是有约束力的:"如果你认为""如果你相信""如果你估计""如果你认为合适""如果对你来说是恰当的"。事实上,【立遗嘱人】并没有给继承人以完全依据其意愿的裁量权,而是诉诸于一个诚实的人【的正当行为】。

D. 32, 11, 8

Proinde si ita sit fideicommissum relictum: 'illi, si te meruerit', omnimodo fideicommissum debebitur, si modo meritum quasi apud virum bonum collocare fideicommissarius potuit: et si ita sit 'si te non offenderit', aeque debebitur: nec poterit heres causari non esse meritum, si alius vir bonus et non infestus meritum potuit admittere.

D. 32, 11, 9

Haec verba: 'te, fili, rogo, ut praedia, quae ad te pervenerint, pro tua diligentia diligas et curam eorum agas, ut possint ad filios tuos pervenire', licet non satis exprimunt fideicommissum, sed magis consilium quam necessitatem relinquendi, tamen ea praedia in nepotibus post mortem patris eorum vim fideicommissi videntur continere.

D. 32, 11, 10

Si filio a patre herede instituto fideicommissum relictum fuerit, etsi verbis non sit ita relictum 'cum pater moreretur', sed intellegi hoc possit, puta quia sic relictum est 'ut relinquat filio' vel 'volo eum habere' vel 'volo ad eum pertinere', defendetur in id tempus fideicommissum relictum, quo sui iuris filius efficitur.

D. 32, 11, 8

所以，如果一个遗产信托这样设立："给那个人，如果对你而言，他应该得到"，这个遗产信托绝对是有约束力的，只要依据一个诚实的人【的判断】，受益人确实有资格。如果【一个遗产信托】如此【设立】："如果他没有冒犯你"，那么这个遗产信托也是有约束力的，继承人不能以【受益人】没有资格而反对，只要另外一个诚实的、没有恶意的人能够证实受益人是有资格的。

D. 32, 11, 9

"儿子，我请求你能够勤勉地照看你将要获得的土地，以便能够让你的孩子们获得这些土地"的话语，即使从表达看不足以设立遗产信托，其只是一种建议，而不是一种将土地留给【子孙们】的义务，但是这些话语仍被认为具有在他们的父亲死后，以孙子们为受益人的遗产信托的效力。

D. 32, 11, 10

如果一个被指定为继承人的家父负担以其家子为受益人的遗产信托，虽然语言并没有直接说"在家父死亡的时候"，但【这】可以推断出来，如"为的是将其留给家子"，或者"我希望家子拥有"，或者"我希望某物属于家子"的表达等，在此等情况下，人们认为遗产信托是为家子【由于家父死亡的原因】在法律上成为自权人的时间点而设立。

D. 32, 11, 11

Si cui ita fuerit fideicommissum relictum: ' si morte patris sui iuris fuerit effectus' et emancipatione sui iuris factus sit, non videri defecisse condicionem: sed et cum mors patri contingat quasi exstante condicione ad fideicommissum admittetur.

D. 32, 11, 12

Si rem suam testator legaverit eamque necessitate urguente alienaverit, fideicommissum peti posse, nisi probetur adimere ei testatorem voluisse: probationem autem mutatae voluntatis ab heredibus exigendam.

D. 32, 11, 13

Ergo et si nomen quis debitoris exegerit, quod per fideicommissum reliquit, non tamen hoc animo, quasi vellet extinguere fideicommissum, poterit dici deberi: nisi forte inter haec interest: hic enim extinguitur ipsa constantia debiti, ibi res durat, tametsi alienata sit. cum tamen quidam nomen debitoris exegisset et pro deposito pecuniam habuisset, putavi fideicommissi petitionem superesse, maxime quia non ipse exegerat, sed debitor ultro pecuniam optulerat, quam offerente ipso non potuit non accipere. paulatim igitur admittemus, etsi ex hac parte pecuniae rem comparaverit, quam non hoc animo exegit, ut fideicommissarium privaret fideicommisso, posse adhuc fideicommissi petitionem superesse.

D. 32, 11, 11

若获得遗产信托的人是:"如果由于家父死亡的原因变成自权人",那么,在其由于解放而成为自权人的时刻,条件并不被认为缺失,在家父死亡的时候,他可以获得遗产信托,如同条件仍然存在并且【在那个时刻】实现。

D. 32, 11, 12

如果立遗嘱人遗赠了自己所有的物,然后又由于紧急情况转让了该物,遗产信托可被请求,除非可以证明死者想要撤销遗赠,但是这需要由继承人来证明意愿的改变。

D. 32, 11, 13

因此,即使一个人从【自己的】债务人那里受领了给付——他已经将这个债权做了遗产信托,但是没有消灭遗产信托的意思——可以说遗产信托仍然是有约束力的,除非【这里所说的和之前所说的】两种情况有这种区别:这里债务的存在已经消灭,而之前的情况物仍然存在,虽然其已经被转让。如果一个人已经从【自己的】债务人那里受领了给付,并且如同钱被寄存一样持有这些钱,我认为遗产信托之诉仍然存在,特别是他自己没有主动要求,而是债务人自己履行的情况,这时候【债权人】也不能拒绝受领。人们逐渐承认即使某人用这些金钱购买了某物,只要他受领金钱而没有剥夺受益人遗产信托的意思,遗产信托之诉就继续存在。

D. 32, 11, 14

Si quis illicite aedificasset, id est hoc quod dirui constitutiones iubent, an fideicommissum relinquere ex eo quid possit, videamus. et puto posse: cum enim dirui necesse sit, nulla dubitatio est, quin senatus consultum impedimento non sit.

D. 32, 11, 15

Si heres rogatus sit certam summam usuris certis faenori dare, utile est fideicommissum: sed Maecianus putat non alias cogendum credere, quam idonee ei caveatur: sed ego proclivior sum, ut putem cautionem non exigendam.

D. 32, 11, 16

Si servo alieno militia relinquatur, an domino quaeratur legatum, quaeritur. et aut scit servum esse, et dico aestimationem deberi: aut ignoravit, et denegari fideicommissi persecutio debet, quia, si scisset servum, non reliquisset.

D. 32, 11, 17

Ex his apparet, cum per fideicommissum aliquid relinquitur, ipsum praestandum quod relictum est: cum vero ipsum praestari non potest, aestimationem esse praestandam.

D. 32, 11, 14

如果一个人以违法方式建筑，也就是皇帝谕令要求拆除这个建筑，我们来看【在其构成材料上】是否可以设立遗产信托。我认为这是可以的，事实上，既然建筑需要被拆除，那么【禁止拆除以阻止对材料投机的】元老会决议并不构成阻碍。

D. 32, 11, 15

如果继承人被要求借出一笔确定利率、确定数额的金钱，该遗产信托是有效的。梅西安认为【受托人】并不能被强迫提供借款，除非有担保的合适要式口约。相反，我更倾向于认为并不需要一个缔结担保的要式口约。

D. 32, 11, 16

如果对属于其他人的奴隶遗赠了一份职位，这里的问题是遗赠是否被家父取得。如果【处分人】知道【受益人】是奴隶，【那么】我认为他应该给付【与遗赠】相当的金钱；如果他不知道，【那么】应该否定遗产信托之诉，因为，如果他知道【受益人】是奴隶，那么就不会作出遗赠。

D. 32, 11, 17

从这些例子中可以看出，如果某人通过遗产信托的方式赠与某物，那么应该给付被赠与的物；如果不能给付这个物，就应该给付与其价值相当的金钱。

D. 32, 11, 18

Si quis decem alicui per fideicommissum reliquerit et, si perdidisset id quod testamento relictum est, rursus ei reliquerit, quaerebatur, an sequens fideicommissum valeat vel an exigere heres debeat cautionem salva fore decem, ne cogatur ad praestationem, et an, si saepius perdidisset, saepius ei sarciretur fideicommissum. divus Pius rescripsit neque cautionem exigendam et non amplius quam semel, postquam perdidisset, praestandum: non enim onerandus est heres, ut in infinitum, quotiens perdiderit, restituere ei tantundem debeat, sed ut per fideicommissum posterius duplicata eius legata videantur nec amplius ad periculum heredis pertineat, si quid postea is consumpserit exsoluto et posteriore fideicommisso.

D. 32, 11, 19

Item si quis certam quantitatem cui reliquerit et addiderit facilius hanc summamposse compensari, cum debitor sit fideicommissarius ex causa hereditatis Gaii Seii, nec velit ille hereditatem adire Gaii Seii, sed petat fideicommissum: imperator noster contra voluntatem eum testantis petere fideicommissum rescripsit, cum in fideicommissis praecipue spectanda servandaque sit testatoris voluntas.

D. 32, 11, 18

某人通过遗产信托遗赠给另一人 10，如果后者丢失了通过遗嘱获得的金钱，还会有第二次遗赠。这里的问题是，之后的遗产信托是否有效，或者继承人是否应该要求担保要式口约来保护被给付金钱，以避免被要求重新给付，以及【还提出的问题是】，如果丢失了多次，是否应该给付多次。安东尼·庇护皇帝通过批复确定，不应该要求担保要式口约，在【受益人】丢失后，【遗产信托】不应该给付多于一次。事实上，继承人不应该承担一旦【受益人】丢失就给付相应金钱的无限义务，而是应该考虑到，由于之后的遗产信托，被遗赠的财产已经翻倍，在受托人已经履行了第二次遗产信托后，受益人消耗财产不应该让继承人继续承担风险。

D. 32, 11, 19

同样的，如果某人将一定数量【的种类物】遗赠给另一个人，并且补充道（受益人）可以抵销，因为受益人由于盖尤斯·塞尤斯的遗产而成为【他的】债务人。如果【受益人】不想接受盖尤斯·塞尤斯的遗产，但是请求遗产信托，我们的皇帝【卡拉卡拉】通过批复确定，受益人请求遗产信托违反立遗嘱人意愿，而在遗产信托中，需要首先考虑和尊重的就是立遗嘱人意愿。

D. 32, 11, 20

Plerumque evenit multorum interesse id quod relinquitur, verum testatorem uni voluisse honorem habitum, et est haec sententia Marcelli verissima.

D. 32, 11, 21

Sic evenit, ut interdum si pluribus testator honorem habere voluit et de pluribus sensit, quamvis unum legatum sit, tamen ad persecutionem eius plures admittantur. ut puta si decem fuerunt eiusdem rei stipulandi et heres vel fideicommissarius rogatus est, ut eis solveret: hic enim si omnium interest et de omnibus sensit testator, fideicommissum relictum omnes petere potuerunt. sed utrum in partem agent an in solidum, videamus: et credo, prout cuiusque interest, consequentur: unus igitur qui occupat agendo totum consequitur ita, ut caveat defensu iri adversus ceteros fideicommissarios eum qui solvit, sive socii sunt sive non.

D. 32, 11, 22

Interdum alterius nomen scribitur in testamento, alteri vero fideicommissi petitio vel legati competit, ut puta si fidei heredis committatur, ut ipse publicum pro Titio praestet, fideicommissum hoc vel legatum non publicanus petit, licet ei sit adscriptum, sed ipse petere poterit, pro quo legatum relictum est. multum autem interesse arbitror, cui voluit prospectum cuiusque contemplatione testator fecerit. plerumque autem intellegendum est privati causa hoc fecisse, licet emolumentum publicano quaeratur.

D. 32, 11, 20

经常发生的是,被遗赠的物涉及多数人的利益,但是立遗嘱人希望只有一个受益人。马尔切勒的这个观点是正确的。

D. 32, 11, 21

时有发生的是,立遗嘱人希望受益人是多个人,也考虑到了多个主体,虽然只有一个遗赠,但是多个主体可以对其提出诉请。例如,【立遗嘱人】有十个通过要式口约缔结的连带债权人,每个人都可以对继承人或者受益人主张【遗产信托】。此时,如果所有人都有利害关系而且立遗嘱人考虑了所有人,所有人都可以请求遗产信托。但是,我们来看每个人只能主张【自己的】份额,还是能够主张全部:我认为他们基于每个个体的利益而获得,因此,首先请求的主体自己就能够获得【连带债权数额的】全部,条件是他缔结一个担保要式口约,保证给付人可以对抗其他受益人,不管这些受益人是否是合伙人。

D. 32, 11, 22

有些时候,在遗嘱中写了一个人的名字,不过是另一个人能够诉请遗产信托或者遗赠。例如,如果继承人基于遗产信托应该为提图斯纳税,这个并不是由公共税收的收税者来诉请,尽管在遗嘱中分配给收税人此项权能,诉请人其实是该遗嘱所意图让其获利的那个人。我认为,重要的是立遗嘱人是为了谁而愿意提供遗赠,以及考虑谁的利益而设立了遗赠。另外,还应该认为【立遗嘱人】是为了私人利益而设立遗赠,尽管是公共机关获得利益。

D. 32, 11, 23

Si in opere civitatis faciendo aliquid relictum sit, unumquemque heredem in solidum teneri divus Marcus et Lucius Verus Proculae rescripserunt: tempus tamen coheredi praestituerunt, intra quod mittat ad opus faciendum, post quod solam Proculam voluerunt facere imputaturam coheredi sumptum pro parte eius.

D. 32, 11, 24

Ergo et in statua et in servitute ceterisque, quae divisionem non recipiunt, idem divus Marcus rescripsit.

D. 32, 11, 25

Si quis opus facere iussus paratus sit pecuniam dare rei publicae, ut ipsa faciat, cum testator per ipsum id fieri voluerit, non audietur: et ita divus Marcus rescripsit.

D. 32, 12 *Valens libro primo fideicommissorum*

'Stichus liber esto: et ut eum heres artificium doceat, unde se tueri possit, peto'. Pegasus inutile fideicommissum esse ait, quia genus artificii adiectum non esset: sed praetor aut arbiter ex voluntate defuncti et aetate et condicione et natura ingenioque eius, cui relictum erit, statuet, quod potissimum artificium heres docere eum sumptibus suis debeat.

D. 32, 11, 23

马可·奥勒留皇帝和维鲁斯皇帝在给普罗库拉的回复中确立了以下规则：如果某人为了城市的某项特定工程而设立遗赠，每个继承人承担连带责任，但是应该给共同继承人设立一个期限，在期限内他们尽责以完成工程，在这个期限之后，则只需普罗库拉负责完成，但是他可以向其他共同继承人收取相应份额的费用。

D. 32, 11, 24

马可·奥勒留皇帝通过批复确定，在【某物被遗赠】以【树立】雕塑、【设立】地役权和其他不可分的物的场合，【应遵守】同样的规则。

D. 32, 11, 25

如果某人被要求完成一项工程，他想给城市一笔金钱以让城市自己完成建设，他的请求不会被允许，因为立遗嘱人希望他直接完成这项工程。马可·奥勒留皇帝在批复中如此认为。

D. 32, 12 瓦伦斯，《遗产信托》第 1 卷

"让斯蒂科斯自由，以及我请求继承人教会他一份技能，以让他能够自食其力。"珀伽索斯认为这个遗产信托是无效的，因为没有确定具体的技能类型。但是裁判官或者仲裁员基于死者的意愿，以及遗产信托受益人的年龄、条件、性格和能力，可以确定由继承人承担费用来教会受益人的最合适技能是什么。

D. 32, 13 *Marcianus libro secundo fideicommissorum*

Si sic locutus erit testator: 'heres meus illi fundum dato: Seio hoc amplius decem', non erit dubitandum, quin Seius et fundi partem et decem ex testamento percipere debeat.

D. 32, 14pr. *Gaius libro primo fideicommissorum*

Non dubium est, quin, si uxori legatum sit 'si non nupserit' idque alii restituere rogata sit, cogenda est, si nupserit, restituere.

D. 32, 14, 1

Heres quoque, cui iurisiurandi condicio remittitur, legatum et fideicommissum debet.

D. 32, 14, 2

Sed si cui legatum relictum est, ut alienam rem redimat vel praestet, si redimere non possit, quod dominus non vendat vel immodico pretio vendat, iustam aestimationem inferat.

D. 32, 15 *Maecianus libro secundo fideicommissorum*

Hae res testatoris legatae quae in profundo esse dicuntur, quandoque apparuerint, praestantur.

D. 32，13 梅西安，《遗产信托》第 2 卷

如果立遗嘱人这样表达："我的继承人给那个人一块土地，给塞尤斯多 10"，毫无疑问塞尤斯可以通过遗嘱获得土地和 10。

D. 32，14pr. 盖尤斯，《遗产信托》第 1 卷

妻子获得一份附条件的遗赠，条件是其不再结婚。如果再婚，会被请求【通过遗产信托】把自己【依据遗赠获得】的东西给另外的人。毫无疑问的是，如果确实再婚了，那就应该给付。

D. 32，14，1

一个继承人【其被指定为继承人的条件是宣誓履行遗赠或者遗产信托】即使被【裁判官】豁免需要宣誓的条件，也仍然应该【履行】遗赠和遗产信托。

D. 32，14，2

如果受遗赠人被要求购买或者给付他人物品，而由于所有权人不出售或者售价过高导致他不能取得，他应该给付相当于合理价值的金钱。

D. 32，15 梅西安，《遗产信托》第 2 卷

如果立遗嘱人遗赠的物在未知之地，那么在其出现的时候，应当给付。

D. 32, 16 *Pomponius libro primo fideicommissorum*

Saepe legatum plenius restituetur fideicommissario quam esset relictum, veluti si alluvione ager auctus esset vel etiam insulae natae.

D. 32, 17pr. *Maecianus libro secundo fideicommissorum*

Etiam ea quae futura sunt legari possunt, ut insula vel in mare vel in fluminibus enata:

D. 32, 17, 1

Servitus quoque servo praedium habenti recte legatur.

D. 32, 18 *Pomponius libro primo fideicommissorum*

Si iure testamento facto fideicommissum tibi reliquero, deinde postea aliud fecero non iure, in quo fideicommissum relictum tibi vel aliud quam quod priore testamento vel omnino non sit relictum, videndum est, mens mea haec fuerit facientis postea testamentum, ut nolim ratum tibi sit priore testamento relictum, quia nuda voluntate fideicommissa infirmarentur. sed vix id optinere potest, fortassis ideo, quod ita demum a priore testamento velim recedi, si posterius valiturum sit et nunc ex posteriore testamento fideicommissum ei non debetur, etiamsi idem heredes utroque testamento instituti ex priore exstiterunt.

D. 32，16 彭波尼，《遗产信托》第 1 卷

给予受益人的遗赠时常会比其作出时更大，【例如】一块土地可能由于冲击作用而面积增长，或者是【河道中】出现的岛屿。

D. 32，17pr. 梅西安，《遗产信托》第 2 卷

可以遗赠将来物，例如会在海中或者河中形成的岛屿。

D. 32，17，1

可以合法地遗赠地役权给一个【特有产中】有土地的奴隶。

D. 32，18 彭波尼，《遗产信托》第 1 卷

如果我在一份合法遗嘱里给你设立遗产信托，后来我设立了另一个不合法的【遗嘱】，其中给你和之前遗嘱不同的物，或者并没有给你任何物品，由于遗产信托可因纯粹意愿而撤销，这里需要考察我的意思是否是通过第二份遗嘱来不让你获得之前遗嘱所遗赠的东西。但是这种观点不能被接受，可能是因为只有第二份遗嘱是有效的时候我才想撤销第一份遗嘱，此时，基于后来的遗嘱，你不能获得遗产信托，即使第一份【遗嘱】中指定的人成为继承人，且两份遗嘱都指定其为继承人。

D. 32, 19 *Valens libro quinto fideicommissorum*

Si tibi legatum est vel fideicommissum relictum, uti quid facias, etiamsi non interest heredis id fieri, negandam tibi actionem, si non caveas heredi futurum, quod defunctus voluit, Nerva et Atilicinus recte putaverunt.

D. 32, 20 *Ulpianus libro sexto fideicommissorum*

Si res mihi per fideicommissum relicta eadem tibi legata vel per fideicommissum relicta sit non communicandi animo, sed utrique in solidum, ambigendum non est, si alteri sit soluta, alterum nullum quidem ius in ipsam rem habere, sed actionem de pretio integram eum habere.

D. 32, 21pr. *Paulus libro quarto sententiarum*

Nutu etiam relinquitur fideicommissum, dummodo is nutu relinquat, qui et loqui potest, nisi superveniens morbus ei impedimento sit.

D. 32, 21, 1

Fideicommissum relictum et apud eum, cui relictum est, ex causa lucrativa inventum extingui placuit, nisi defunctus aestimationem quoque eius praestari voluit.

D. 32，19 瓦伦斯，《遗产信托》第 5 卷

如果你是遗赠或者遗产信托的受益人，条件是你要做某个事情，即使继承人对这个事情并无利益，内尔瓦和阿提利齐努斯正确地认为，如果你不给继承人提供一份保证要式口约保证实现立遗嘱人的意愿，你的诉权会被否定。

D. 32，20 乌尔比安，《遗产信托》第 6 卷

如果通过遗产信托给我的物和通过遗赠或者遗产信托给你的物是同一个，没有分割的意愿，那么两人连带拥有此物，没有疑问的是，如果物已经给了其中一人，另一个人就不对物享有权利，但是他可以请求相应的财产价值。

D. 32，21pr. 保罗，《论点集》第 4 卷

遗产信托可以通过身体的示意动作完成，只要行为人本来能够讲话，但因为突发疾病阻止了说话的能力。

D. 32，21，1

如果遗产信托的标的物被受益人通过有偿方式取得，遗产信托消灭，除非死者还想要补偿金钱价值。

D. 32, 21, 2

Columnis aedium vel tignis per fideicommissum relictis ea tantummodo amplissimus ordo praestari voluit nulla aestimationis facta mentione, quae sine domus iniuria auferri possunt.

D. 32, 22pr. *Hermogenianus libro quarto iuris epitomarum*

Si quis in principio testamenti adscripserit: ' cui bis legavero, semel deberi volo', postea eodem testamento vel codicillis sciens saepe eidem legaverit, suprema voluntas potior habetur: nemo enim eam sibi potest legem dicere, ut a priore ei recedere non liceat. sed hoc ita locum habebit, si specialiter dixerit prioris voluntatis sibi paenituisse et voluisse, ut legatarius plura legata accipiat.

D. 32, 22, 1

Miles in eum ex militari delicto capitali dicta sententia, permittente eo in ipsa sententia qui damnavit, sicut testamenti faciendi ita fideicommissi relinquendi potestatem consequitur.

D. 32, 22, 2

Mortis damnum per fideicommissum servi relicti, antequam mora fiat, fideicommissarius solus patitur, licet alienus relinquatur.

D. 32, 21, 2

如果一栋房子的柱子或者房梁被遗赠,如果【立遗嘱人】没有提到支付相应价值的金钱,一个很宽泛的元老院命令认为只有那些不会损害房屋就能移除的柱子或者房梁被遗赠。

D. 32, 22pr. 赫尔摩格尼,《私法摘要》第 4 卷

如果有人在遗嘱开头如此写道:"如果我对某人作了两次遗赠,我希望只应当作一次",然后在同一份遗嘱或者遗嘱附书中,立遗嘱人有意地对同一个人遗赠多次,我们认为最后的意愿胜出:事实上,人们不能确立这样的条款,即自己不能撤销之前【的意愿】。不过,这【只是】在立遗嘱人明确表示之前的意愿作废,想要受益人得到多份遗赠时才发生。

D. 32, 22, 1

一个军人,在由于军事罪行而面临死刑判决的时候,如果判罚他的判决允许,他可以设立遗嘱和遗产信托。

D. 32, 22, 2

在出现迟延前,只有受益人承受通过遗产信托留给他的奴隶死亡的损失,即使【奴隶】是他人的。

D. 32, 23 Paulus libro quinto sententiarum

Ex imperfecto testamento legata vel fideicommissa imperatorem vindicare inverecundum est: decet enim tantae maiestati eas servare leges, quibus ipse solutus esse videtur.

D. 32, 24 Neratius libro secundo responsorum

Creditori ita potest legari, ne indebitum ab eo repeteretur.

D. 32, 25pr. Paulus libro primo ad Neratium

'Ille aut ille heres Seio centum dato' : potest Seius ab utro velit petere.

D. 32, 25, 1

Cum in verbis nulla ambiguitas est, non debet admitti voluntatis quaestio.

D. 32, 26 Paulus libro secundo ad Neratium

Is qui fideicommissum debet post moram non tantum fructus, sed etiam omne damnum, quo adfectus est fideicommissarius, praestare cogitur.

LIBER TRIGESIMUS SE CUNDUS
DE LEGATIS ET FIDEICOMMISSIS

D. 32，23 保罗，《论点集》第 5 卷
皇帝基于不完善的遗嘱而主张遗赠或者遗产信托是不恰当的。遵守他本可以豁免的法律，适合伟大的陛下。

D. 32，24 内拉蒂，《解答集》第 2 卷
可以对债权人如此遗赠，即继承人不主张【死者作出的】【可能的】非债清偿。

D. 32，25pr. 保罗，《内拉蒂评注》第 1 卷
"继承人或者另一个人给塞尤斯 100 金币"，塞尤斯可以诉请两个人中的任何一个米给付。

D. 32，25，1
如果言词并没有模糊之处，那么就不必探究【立遗嘱人的】意愿。

D. 32，26 保罗，《内拉蒂评注》第 2 卷
遗产信托的债务人在迟延后，不仅需要给付孳息，还需要给付受益人所遭受的损害。

D. 32, 27pr. *Paulus libro secundo decretorum*

Paula Callinico ex parte herede instituto filiae eiusdem Iuventianae, cum in familia nupsisset, decem testamento legavit: deinde post tempus codicillis factis centum eidem Callinico reliquerat non adiecto 'hoc amplius'. Pronuntiavit utramque summam deberi, maxime cum in codicillis filiae Callinici nihil legatum fuisset.

D. 32, 27, 1

Pompeius Hermippus filium Hermippum ex dodrante, filiam Titianam ex quadrante heredes instituerat et praedia certa singulis praelegaverat: praeterea, si sine liberis Hermippus moreretur, aliam possessionem filiae dari iusserat: post testamentum factis codicillis filiae certa praedia dederat eamque his contentam esse voluit pro omni hereditate et his, quae in testamento reliquerat: Hermippi bona ad fiscum pervenerant: Titiana soror fideicommissum petebat. quaerebatur, utrum pro hereditate tantum an et pro his, quae post mortem frater rogatus erat restituere, pater eam voluisset accipere ea quae codicillis reliquerat. mihi ab omni voluntate recessum videbatur. placuit humanius interpretari ea sola, quae vivente fratre acceptura erat, adempta videri, non etiam quae post mortem eius reliquerat, si sine liberis decederet, et ita pronuntiavit.

LIBER TRIGESIMUS SE CUNDUS
DE LEGATIS ET FIDEICOMMISSIS

D. 32, 27Pr. 保罗，《主要论点集》第 2 卷

在指定卡里尼克为继承人、分配一定遗产后，保拉通过遗嘱遗赠 10 金币给他的女儿朱文齐娜，【条件是】如果她在家族内结婚。经过一段时间后，保拉设立了遗嘱附书，遗赠同一个卡里尼克 100 金币，但是没有附加其他的【话语】。【皇帝】认为，两笔都应该给付，特别是因为在遗嘱附书中，对卡里尼克的女儿并没有遗赠任何东西。

D. 32, 27, 1

蓬佩奥指定他的儿子埃尔米波为继承人，获得四分之三的财富，女儿蒂齐亚纳获得【剩下的】四分之一，并且以先取遗赠的方式赠与每人一部分土地。此外，他还设立了【遗产信托】，规定如果埃尔米波去世时没有子女，就给女儿另外的财产。在立完遗嘱后，他又设立遗嘱附书，给予女儿特定土地，并希望她满足于此，而不是之前通过遗嘱所遗留的遗产和那些【土地】。【家父死亡后】，家子的财产为国库所得，女儿蒂齐亚纳请求遗产信托。这里的问题是，家父通过遗嘱附书留给家女的财产，是用来替代遗产，还是也用来替代她的兄弟【无子嗣】死亡后她可主张的遗产信托。我认为，【立遗嘱人】想要撤销【之前表达的】任何意愿。在皇帝看来合适的是以更人道的方式解释，被撤销的只是她兄弟在世时她会获得的财产，【但】不包含那些兄弟死后无子嗣时，【家父】留给她的财产。【判决】也是如此作出的。

D. 32, 27, 2

Iulianus Severus decedens institutis quibusdam heredibus alumno suo quinquaginta legaverat eaque a Iulio Mauro colono suo ex pensionibus fundi debitis ab eo praestari voluerat eidemque Mauro quaedam legaverat: cum de hereditate fiscus quaestionem movisset, iussu procuratoris Maurus pecuniam fisco solverat: postea heres scriptus optinuerat fiscum: alumno autem mortuo heres eius fideicommissum ab herede Mauri petebat. placuit imperatori non videri eius fidei commissum, sed demonstratum, unde accipere posset: et ideo heres Severi haec praestare debet.

D. 32, 28 *Paulus libro singulari ad senatus consultum Tertullianum*

Si fidei meae committatur, ut, quod mihi relictum fuerit supra quod capere possum, alii restituam, posse me id capere constat.

D. 32, 29pr. *Labeo libro secundo posteriorum a Iavoleno epitomatorum*

Qui concubinam habebat, ei vestem prioris concubinae utendam dederat, deinde ita legavit: 'vestem, quae eius causa empta parata esset'. Cascellius Trebatius negant ei deberi prioris concubinae causa parata, quia alia condicio esset in uxore. Labeo id non probat, quia in eiusmodi legato non ius uxorium sequendum, sed verborum interpretatio esset facienda idemque vel in filia vel in qualibet alia persona iuris esset. Labeonis sententia vera est.

D. 32, 27, 2

尤里安努斯·塞维鲁斯在指定几个继承人后死亡，遗赠给他抚养的一位年轻人 50，并且希望由他的佃农尤流斯·毛鲁斯通过土地的租金支付。他也遗赠给毛鲁斯某些物品。由于国库启动了对遗产的调查，基于【国库】代理人的指令，毛鲁斯对国库给付了土地租金，之后，一位继承人赢得了对国库的诉讼。在遗赠受益人死亡后，他的继承人对毛鲁斯的继承人主张遗产信托。皇帝认为这里毛鲁斯并不负担遗产信托，毛鲁斯被提及是为了指明【继承人】可以从哪里获得【要支付的金钱】。因此，塞维鲁斯的继承人应该给付【金钱】。

D. 32, 28 保罗，《德尔图良努姆元老院决议评注》

如果我负担遗产信托，要给付他人我被赠与的、超出【依据法律】我能够接受限度的财产，那么我当然可以接受这些财产。

D. 32, 29Pr. 拉贝奥，《遗作》第 2 卷

一位有姘妇的人将前姘妇的衣服给她使用，并且设定遗赠："为了她使用而购买的衣服"，卡谢流斯和特雷巴求斯认为，这里供前姘妇使用的衣服不应被给付，因为【供姘妇使用的物品的法律】条件不同于【供】妻子【使用的物品的条件】。拉贝奥并不赞同，因为虽然在该遗赠中不应该适用关于妻子的规则，但应该解释当事人的词语。在面对女儿或者其他人时，规则也是如此。拉贝奥的观点是正确的。

D. 32, 29, 1

Cum ita legatum esset, ut Titia uxor mea tantandem partem habeat quantulam unus heres, si non aequales partes essent heredum, Quintus Mucius et Gallus putabant maximam partem legatam esse, quia in maiore minor quoque inesset, Servius Ofilius minimam, quia cum heres dare damnatus esset, in potestate eius esset, quam partem daret. Labeo hoc probat idque verum est.

D. 32, 29, 2

Cum ita legatum esset: ' quanta pecunia ex hereditate Titii ad me pervenit, tantam pecuniam heres meus Seiae dato', id legatum putat Labeo, quod acceptum in tabulis suis ex ea hereditate testator rettulisset: ceterum negat cavendum heredi a legatario, si quid forte postea eius hereditatis nomine heres damnatus esset. ego contra puto, quia non potest videri pervenisse ad heredem, quod eius hereditatis nomine praestaturus esset: idem Alfenus Varus Servio placuisse scribit, quod et verum est.

D. 32, 29, 3

Si heres tibi servo generaliter legato Stichum tradiderit isque a te evictus fuisset, posse te ex testamento agere Labeo scribit, quia non videtur heres dedisse, quod ita dederat, ut habere non possis: et hoc verum puto. sed hoc amplius ait debere te, priusquam iudicium accipiatur, denuntiare heredi: nam si aliter feceris, agenti ex testamento opponetur tibi doli mali exceptio.

D. 32, 29, 1

遗赠这样写道，我的妻子蒂齐亚享有和某个继承人一样多【的遗产】。如果继承人之间的份额并不等同，昆图斯·穆齐和加鲁斯认为，遗赠给妻子的应相当于继承人中最大的份额，因为小份额被包含于大份额之中；赛尔维尤斯和奥菲流斯则认为应该遗赠相当于最小份额的遗产，因为是继承人要给付【一部分遗产】，那么应该是他自己【选择】给付多少。拉贝奥赞同这种观点，而这是正确的。

D. 32, 29, 2

遗赠如此写道："我的继承人应该给赛娅金钱，数额相当于我从蒂齐奥处获得的遗产。"拉贝奥认为，被遗赠的是立遗嘱人在其账簿中记录收到的遗产；此外，他不认为受遗赠人应该为继承人提供担保要式口约，以防继承人后来被判罚承担遗产上的债务。我持相反意见，因为需要承担遗产上债务的那部分财产，继承人其实并没有获得。阿尔芬奴斯写道：赛尔维尤斯也是如此认为。这是正确的观点。

D. 32, 29, 3

如果一个奴隶被遗赠，继承人将斯蒂科斯交付给你，然后这个奴隶被追夺，拉贝奥认为你可以提出遗嘱之诉，因为如果以你不能保有的方式给付，不能认为继承人实施了给付。我认为这是正确的。另外确认的是，在起诉之前，你应该通知继承人，否则你会遭遇欺诈抗辩。

D. 32, 29, 4

'Si Stichus et Dama servi mei in potestate mea erunt cum moriar, tum Stichus et Dama liberi sunto et fundum illum sibi habento.' si alterum ex his post testamentum factum dominus alienasset vel manumisisset, neutrum liberum futurum Labeo putat: sed Tubero eum, qui remansisset in potestate, liberum futurum et legatum habiturum putat. Tuberonis sententiam voluntati defuncti magis puto convenire.

D. 32, 30pr. *Labeo libro secundo posteriorum a Iavoleno epitomatorum*

Qui quattuor pocula oleaginea habebat, ita legavit: pocula oleaginea paria duo. respondi unum par legatum esse, quia non ita esset: bina paria neque ita: poculorum paria duo: idem et Trebatius.

D. 32, 30, 1

Qui hortos publicos a re publica conductos habebat, eorum hortorum fructus usque ad lustrum, quo conducti essent, Aufidio legaverat et heredem eam conductionem eorum hortorum ei dare damnaverat sinereque uti eum et frui. respondi heredem teneri sinere frui: hoc amplius heredem mercedem quoque hortorum rei publicae praestaturum.

D. 32, 29, 4

"如果在我死亡时，我的奴隶斯蒂科斯和达马还在我的权力下，那么他们获得自由并且得到一块土地。"如果在完成遗嘱后，家父转让或者解放了其中一个奴隶，拉贝奥认为没有哪个奴隶是自由的。图波罗尼斯认为那个还在家父权之下的奴隶可以获得自由并得到遗赠。我认为图波罗尼斯的观点更符合死者意愿。

D. 32, 30pr. 拉贝奥，《遗作》第 2 卷

一个有四个油罐的人设立了这样的遗赠："【我遗赠】两个配对的油罐。"我认为，只是遗赠了一对油罐，因为他没有说一对配对的油罐，也没有说两对油罐。特雷巴求斯也是这么认为的。

D. 32, 30, 1

一个人从城市承租了公共花园，把花园的孳息遗赠给奥菲丢斯，直到花园五年租期的结束。另外，立遗嘱人通过遗赠还要求继承人将花园给奥菲丢斯并允许他享有和获得孳息。我认为，继承人需要允许奥菲丢斯获得孳息，以及给城市支付租金。

D. 32, 30, 2

Cum testamento scriptum esset: 'Sticho servo meo heres quinque dato et, si Stichus heredi meo biennium servierit, liber esto', post biennium legatum deberi existimo, quia in id tempus et libertas et legatum referri deberet: quod et Trebatius respondit.

D. 32, 30, 3

Si fundum mihi vendere certo pretio damnatus es, nullum fructum eius rei ea venditione excipere tibi liberum erit, quia id pretium ad totam causam fundi pertinet.

D. 32, 30, 4

Qui fundum mandatu meo in societate mihi et sibi emerat, deinde eum finibus diviserat et priusquam mihi traderet, ita eum tibi legaverat 'fundum meum illi do'. negavi amplius partem deberi, quia verisimile non esset ita testatum esse patrem familias, ut mandati heres eius damnaretur.

D. 32, 30, 2

如果在遗嘱中如此写道:"继承人给我的奴隶斯蒂科斯5,以及如果斯蒂科斯服侍继承人满两年,他获得自由。"我认为,两年之后才应该给付遗赠,因为遗赠和自由指的都是那个时刻。特雷巴求斯也这样认为。

D. 32, 30, 3

如果你被要求给付遗赠,即以确定价格卖给我一块土地,那么在此买卖中你不能保留任何这块土地的孳息,因为这个价格包含所有和土地相关的东西。

D. 32, 30, 4

一个人依据我的委托,为我和他自己购买了土地,这块土地是共有的。后来他通过划定边界分割了土地。在将土地转移给我之前,他为你设定了遗赠:"把我的土地给他。"我认为这里的给付不能超出他的份额,因为家父不太可能以会让他的继承人遭受委托之诉的方式订立遗嘱。

D. 32, 30, 5

'Uxori meae, dum cum filio meo Capuae erit, heres meus ducenta dato': filius a matre migravit. si ambo Capuae habitassent, legatum matri debitu iri putavi, quamvis una non habitassent: sin autem in aliud municipium transissent, unius anni tantummodo debitu iri, quo una habitassent quantolibet tempore: Trebatius ait. videamus, an his verbis 'dum cum filio Capuae erit' non condicio significetur, sed ea scriptura pro supervacuo debet haberi: quod non probo. sin autem per mulierem mora non est, quo minus cum filio habitet, legata ei deberi.

D. 32, 30, 6

Si aedes alienas ut dares damnatus sis neque eas ulla condicione emere possis, aestimare iudicem oportere Ateius scribit, quanti aedes sint, ut pretio soluto heres liberetur. idemque iuris est et si potuisses emere, non emeres.

D. 32, 31 *Labeo libro primo pithanorum a Paulo epitomatorum*

Si cui aedes legatae sint, is omne habebit id aedificium, quod solum earum aedium erit. *Paulus*: hoc tunc demum falsum est, cum dominus aedium binarum aliquid conclave, quod supra concamarationem alterarum aedium esset, in usum alterarum convertit atque ita his usus fuerit: namque eo modo alteris aedibus id accedet, alteris decedet.

D. 32, 30, 5

"我的继承人【每年】应给我的妻子 200，在她和我的儿子在卡普阿的时间里。"儿子后来搬到和母亲不同的地方。我认为，如果两个人都住在卡普阿，那么遗赠应该给付给母亲，即使他们不住在一起；如果儿子后来搬到了另一个市，那么只就他们居住在一起的那一年给付，不管一起的时间有多短。特雷巴求斯也如此认为。我们现在来考虑"所有她和我的儿子在卡普阿的时间"是否不是在表达条件，而应该是多余无用的话语。我并不这么认为。但是，如果没有和儿子居住在一起不是出于母亲的原因，那么遗赠继续给付。

D. 32, 30, 6

阿特尤斯写道，如果遗赠要求你给付他人房屋，而你以任何条件都无法购得房屋，那么法官应该衡量房屋的价值，继承人可以通过给付这个价值而获得解放。同样的规则适用于你本来可以购买，但是没有购买的情况。

D. 32, 31 拉贝奥，《值得相信的观点》第 1 卷

如果某人被遗赠房屋，那么他可以获得所有的建筑物，并及于房屋所在的土地。保罗认为，只是在以下情况，上述观点才是不正确的：两个房屋的所有人将处于一个房屋拱顶上的一个房间服务于另一个房屋，以这种方式来使用房屋；这个时候，这个房间就附属于后者，不再是前者的一部分。

D. 32, 32 *Scaevola libro quarto decimo digestorum*

Sextiam filiam ex quadrante, ex reliquis Seium et Marcium sororis filios scripsit heredes: Sextiam substituit Marcio et Marcium Sextiae, dedit autem per praeceptionem Marcio certas species: Marcius partem hereditatis, ex qua scriptus erat, omisit et eo intestato defuncto bona eius ad fratrem legitimum Seium devoluta sunt. quaesitum est, an Sextia ex substitutione etiam haec, quae praelegata Marcio erant, iure substitutionis a legitimo herede defuncti sibi vindicare possit. respondit secundum ea quae proponerentur Sextiam in legatis, quae Marcio data sunt, substitutam non esse.

D. 32, 33pr. *Scaevola libro quinto decimo digestorum*

Uxori suae inter cetera ita legavit: ' et domus eam partem, in qua morari consuevimus' . quaesitum est, cum tam testamenti faciundi tempore quam mortis totam domum in usu habuerit nec quicquam ex ea locatum, an ea tantummodo videtur legasse cubicula, in quibus dormire consueverat. respondit eam omnem partem, in qua morari cum familia sua consuevisset.

D. 32, 33, 1

Uxori suae inter cetera ita legavit: ' uxori meae quidquid vivus dedi donavi usibusve eius conparavi, concedi volo' : quaero, an quod post testamentum factum ei donatum est, id quoque concessum videatur. respondit verba quae proponerentur nihil pro futuro tempore significare.

D. 32, 32 谢沃拉,《学说汇纂》第 14 卷

一个人将女儿塞克斯提娅指定为继承人，获得四分之一的遗产，剩下的【四分之三】属于姐姐的儿子塞尤斯和马修斯。他指定塞克斯提娅是马修斯的候补继承人，马修斯是塞克斯提娅的候补继承人，并且给马修斯一定物品作为先取遗赠。马修斯放弃了他被指定的遗产份额，并且没有留下遗嘱就去世了。他的财产将归属于他的法定继承人塞尤斯。这里的问题是，塞克斯提娅是否能够基于继承替补的效果向死者的法定继承人主张先取遗赠的部分。【法官】认为，根据这里的情况，就马修斯所获的先取遗赠而言，塞克斯提娅并不能候补继承。

D. 32, 33pr. 谢沃拉,《学说汇纂》第 15 卷

一个人遗赠给他的妻子各种物品，其中有："我们平时共同居住的那部分房屋。"这里的问题是，由于在制定遗嘱和立遗嘱人死亡的时候，【立遗嘱人】使用了整个房屋，并没有出租任何一部分，这里是否应该认为他只遗赠了平时睡觉的房间。【法学家的】回答是，【立遗嘱人遗赠了】立遗嘱人和其家人通常居住的整个部分。

D. 32, 33, 1

一个人遗赠给他的妻子各种物品，其中有："我想要我的妻子获得所有我活着的时候给她、赠与她或者为她使用而购买的东西。"这里的问题是，制定遗嘱以后妻子获得的东西是否也要遗赠。【法官】认为，遗嘱所使用的词语完全没有涉及将来的时间。

D. 32, 33, 2

Cum Seius pro uxore centum aureos creditori solverit et ornamentum pignori positum luerit, postea autem testamento facto uxori suae legavit, quidquid ad eum inve stipulatum eius conc-essit et hoc amplius vicenos aureos annuos: quaesitum est, an hos centum aureos heredes viri ab uxore vel ab heredibus eius repetant. respondit, si donationis causa creditori solvisset, teneri heredes ex causa fideicommissi, si repetant, atque etiam petentes exceptione summoveri: quod praesumptum esse debet, nisi contrarium ab herede approbetur.

D. 32, 34pr. *Scaevola libro sexto decimo digestorum*

Nomen debitoris in haec verba legavit: ' Titio hoc amplius dari volo decem aureos, quos mihi heredes Gaii Seii debent, adversus quos ei actionem mandari volo eique eorundem pignora tradi'. quaero, utrum heredes tantum decem dare debeant an in omne debitum, hoc est in usuras debeant mandare. respondit videri universam eius nominis obligationem legatam. item quaero, cum ignorante matre familias actores in provincia adiectis sorti usuris decem stipulati sint, an ex causa fideicommissi supra scripti etiam incrementum huius debiti ad Titium pertineat. re-spondit pertinere.

D. 32, 33, 2

塞尤斯给付给他妻子的债权人 100 金币，赎回了作为质押物的首饰。后来，他订立了遗嘱，遗赠给妻子所有他给付给她的东西、为她的要式口约所给付的东西，以及每年 20 金币。这里的问题是，丈夫的继承人是否可以要求妻子或者妻子的继承人返还那 100 金币。【法学家的】回答是，如果【塞尤斯】是为了【对妻子】赠与而实施给付，则继承人如果获得返还，也要依据遗产信托再行给付，即使诉请这笔数额，也会遭遇抗辩：会如此推定，除非继承人能证明相反的事情。

D. 32, 34pr. 谢沃拉，《学说汇纂》第 16 卷

【一位女士】这样遗赠她对债务人享有的债权："就盖尤斯·塞尤斯的继承人应该给我的给付中，我想要给蒂齐奥 10 金币，我想要把对这些继承人的诉权移转给蒂齐奥，相关质押也一并移转。"我的问题是，【女士的】继承人只需给付 10 【金币】，还是应该转让对整个债务的诉权，包括本金和利息。【法学家的】回答是，应该认为被遗赠的是整个债权。我还提出的问题是，在本例中，如果这位家母并不知道她在行省的管理人通过要式口约使利息增加了 10，债务增加的部分是否由于遗产信托归属于蒂齐奥。【法学家的】回答是这些部分也属于蒂齐奥。

D. 32, 34, 1

Filio ex parte heredi scripto praeceptionem dedit inter cetera his verbis: 'Titio filio meo nomina ex calendario, quae elegerit filius meus sibi, viginti dare damnas sunto sine dolo malo': eidem filio vivus omnium rerum suarum administrationem permisit: qui post testamentum factum ante mortem patris annis decem, quibus procurabat patri, contra veterem consuetudinem patris, qua calendarium exercebatur, novos debitores amplarum pecuniarum fecit et in priores, quos pater exiguarum fortunarum habebat, maius creditum contulit ad hoc, ut viginti nominibus prope omnis substantia kalendarii esset. quaesitum est, an huic filio eorum nominum, quae ipse fecit, praeceptio permittenda est. respondit ex his electionem habere, quae testamenti tempore testator in kalendario habuit.

D. 32, 34, 2

Uni ex heredibus per praeceptionem reliquit ea, quae ex patrimonio viri sui Arethonis ei supererant, eiusque fidei commisit haec eadem restituere pronepoti, cum erit annis sedecim, in quibus haec verba adiecit: 'item rogo, uti reliquum aes alienum, quod ex bonis Arethonis debetur, omnibus creditoribus ex reditibus eorum bonorum solvas reddas satisque facias'. quaesitum est, an, si probaverit heres non sufficere reditum bonorum ad totius debiti exsolutionem, nihilo minus tamen ipse debet adgnoscere onus aeris alieni. respondit manifeste proponi ex reditibus bonorum eorum iussum aes alienum exsolvere, non de proprio.

LIBER TRIGESIMUS SE CUNDUS
DE LEGATIS ET FIDEICOMMISSIS

D. 32, 34, 1

一个人指定他的家子为继承人，留给他一部分财产，并设立了如下先取遗赠："我的继承人们要无恶意地给我的家子蒂齐奥 20 个债权，家子应该自己从我的账簿中选择。"在还活着的时候，【立遗嘱人】让家子管理他的全部财产。在遗嘱制定后、家父死亡前的十年里，在管理【财产】期间，家子设置了新的数额庞大的债权，这违反家父管理账簿的旧有惯例，而且，他还授予某些先前的【债务人】以更人的债权，而家父认为这些债务人并无多少财产，如此，使得 20 个债权就基本涵盖了账簿所记载【债权的】总标的额。这里的问题是，家子可否通过先取遗赠获得这些他自己创设的债权。【法学家的】回答是，他可以选择立遗嘱人在订立遗嘱时候账簿上的 20 个债权。

D. 32, 34, 2

【立遗嘱人】通过先取遗赠的方式给某个继承人留了一笔财产，即她的丈夫阿莱托尼斯剩余的财产，并且要求继承人负担遗产信托，在重孙达到 16 岁的时候，把这些财产给重孙。她还写道："同样，我还请求你利用这些财产的收益来支付、返还或者满足阿莱托尼斯财产所生的未清偿债务的所有债权人。"这里的问题是，如果继承人发现财产的收益并不足以支付所有债务，他是否应该自己支付。【法学家的】明确回答是，他只应该用遗产的收益给付，而不应该用自己的【财产】。

D. 32, 34, 3

Pater filio et filia heredibus institutis cum singulis certa praedia et kalendaria praelegasset, ita cavit: 'a te autem, fili carissime, peto, quaecumque legavi, praestari volo, et si quid evenerit aeris alieni, si quod in tempus pro mutuo acceperam et debuero, a te solvi volo, ut quod sorori tuae reliqui, integrum ad eam pertineat'. quaesitum est, an quod ex quacumque causa debuit pater, a filio sit praestandum. respondit posse filiam ex fideicommisso consequi, ut levaretur, quo magis integrum, quod testator dedisset, ad eam pervenisset.

D. 32, 35pr. *Scaevola libro septimo decimo digestorum*

Patronus liberto statim tribum emi petierat: libertus diu moram ab herede patroni passus est et decedens heredem reliquit clarissimum virum: quaesitum est, an tribus aestimatio heredi eius debeatur. respondit deberi. idem quaesiit, an et commoda et principales liberalitates, quas libertus ex eadem tribu usque in diem mortis suae consecuturus fuisset, si ei ea tribus secundum voluntatem patroni sui tunc comparata esset, an vero usurae aestimationis heredi eius debeantur. respondi, quidquid ipse consecuturus esset, id ad heredem suum transmittere.

LIBER TRIGESIMUS SE CUNDUS
DE LEGATIS ET FIDEICOMMISSIS

D. 32, 34, 3

在指定家子和家女作为继承人后，通过先取遗赠为他们每个人留了一定的土地和记载于账簿的债权，家父这样写道："亲爱的儿子，我希望我遗赠的所有物品被给付，我希望你能够支付所有我在一段时间内缔结并应负担的借贷合同的债务，这样可以让我留给你姐姐的东西不受影响。"这里的问题是，家子是否应该给付家父以各种名义缔结的应该给付的债。【法学家的】回答是，家女可以依据遗产信托而免于【任何债务的给付】，以保障家父给她的物品不受影响。

D. 32, 35pr. 谢沃拉，《学说汇纂》第 17 卷

一个庇主【在遗嘱】中要求立刻给为【他的】解放自由人购买某部族的登记。解放自由人遭遇了庇主继承人严重的履行迟延，在解放自由人死亡的时候，他指定了一个元老院阶层的人为自己的继承人。这里的问题是，解放自由人的继承人是否能够要求【没有登记到部落】的金钱价值。【法学家】认为可以。进一步的问题是，解放自由人的继承人是否能够要求【登记到】部落本能让解放自由人获得的其他利益和皇帝的慷慨，直到他死亡的那一天；还是继承人只能获得与【登记】相当的金钱价值。这里的回答是，继承人能够得到所有解放自由人本可以得到的东西。

D. 32, 35, 1

Sempronio ita legavit: 'Sempronius sumito praedia mea omnia, quae sunt usque ad praedium, quod vocatur Gaas, finibus Galatiae, sub cura vilici Primi, ita ut haec omnia instructa sunt'. quaesitum est, cum in eodem confinio praediorum unum sit praedium non Galatiae, sed Cappadociae finibus, sub cura tamen eiusdem vilici, an etiam id praedium cum ceteris ad Sempronium pertineat. respondit et hoc deberi.

D. 32, 35, 2

Libertis, quos nominaverat, ita legavit: 'fundum Trebatianum, qui est in regione Atellata, item fundum Satrianum, qui est in regione Niphana, cum taberna dari volo'. quaesitum est, cum inter fundos, quos supra legavit, sit quidem fundus vocabulo Satrianus, in regione tamen Niphana non sit, an ex causa fideicommissi libertis debeatur. respondit, si nullus esset Satrianus in regione Niphana et de eo sensisse testatorem certum sit, qui alibi esset, non idcirco minus deberi. quia in regione designanda lapsus esset.

D. 32, 35, 1

【一个人】这样为森普罗尼斯设立遗赠:"森普罗尼斯取得所有普里穆斯管理的我在加拉齐边界内的土地,直到被称为加斯的土地为止,所有土地的附属构建物也都包括在内。"这里的问题是,因为在那些土地的范围内,有一块不在加拉齐,而在卡帕多恰,管理人也是同一个人,那么这块土地是否和其他土地一并归属于森普罗尼斯?这里的回答是肯定的,这块土地也属于森普罗尼斯。

D. 32, 35, 2

如果【庇主】为一个他明确指出名字的解放自由人设立如下遗赠:"我想要给他位于阿泰拉塔地区的特雷巴齐奥土地,以及位于尼法那地区的萨特里亚努斯土地,以及相应的店铺。"这里的问题是,因为在【遗嘱】所遗赠的土地中,尽管有一块名为萨特里亚努斯的土地,但是并不在尼法那地区,那么解放自由人是否可以通过遗产信托获得这块土地。【法学家的】回答是,如果在尼法那地区并没有任何【名为】萨特里亚努斯的土地,而且能够肯定立遗嘱人想要遗赠的是位于另一个地区的这块土地,那么解放自由人可以获得土地,因为【立遗嘱人】在指明地区时陷入错误。

D. 32, 35, 3

Codicillis confirmatis ita cavit: 'Tiburtibus municipibus meis amantissimisque scitis balineum Iulianum iunctum domui meae, ita ut publice sumptu heredum meorum et diligentia decem mensibus totius anni praebeatur gratis'. quaesitum est, an et sumptus refectionibus necessarios heredes praestare debeant. respondit secundum ea quae proponerentur videri testatorem super calefac-tionis et praebitionis onus de his quoque sensisse, qui ad cottidianam tutelam pertineant, quibus balineae aut instruuntur aut denique inter solitas cessationum vices parari purgarique, ut habiles ad lavandum fierent, sint solitae.

D. 32, 36 *Apud Scaevolam libro octavo decimo digestorum Claudius notat*

Nec fideicommissa ab intestato data debentur ab eo, cuius de inofficioso testamento constitisset, quia crederetur quasi furiosus testamentum facere non potuisse, ideoque nec aliud quid pertinens ad suprema eius iudicia valet.

D. 32,35,3

【一个人】在遗嘱附书中如此确认："我留给我亲爱的提沃利的市民尤里安浴室，你们知道这个浴室附随于我的房屋，我希望每年有10个月浴室免费开放给公众，由我的继承人维护和承担费用。"这里的问题是，继承人是否也要负担必要的维修费用。【法学家的】回答是，根据这里所说的，立遗嘱人所指的除了加热和【向公众】开放的负担外，还有日常维护事宜，也就是浴室应该配备完善，在关闭期间应该妥善维护和清洁，以让浴室适合沐浴。

D. 32,36 谢沃拉，《学说汇纂》第 18 卷

如果遗嘱被认定为无效，那么其中的遗产信托也不能通过无遗嘱方式发挥作用，因为如果立遗嘱人已经发疯，那么他不能设立遗嘱，其他涉及最终意愿的处分也因此无效。

D. 32, 37pr. *Scaevola libro octavo decimo digestorum*

Cum quis decedens Seiae matri fundum, qui proprius matris erat, legaverat, ab ea petierat, ut eundem cum moreretur Flaviae Albinae coniugi suae restitueret. Post mortem testatoris mater apud magistratum professa est nihil se adversus voluntatem filii sui facturam paratamque se fundum Flaviae Albinae tradere, si sibi annua bina praestarentur redituum nomine: sed neque possessionem tradidit neque annua bina accepit. quaesitum est, an iure fundum alii vendere possit. respondit, si de legati iure fideique commissi quaereretur, secundum ea quae proponerentur nec valuisse, quod matri suum legabatur, neque onus fideicommissi processisse, si modo nihil praeterea mater cepisset.

D. 32, 37, 1

Qui testamento heredem scripserat, Maevio ducenta legavit et fidei eius commisit, ut centum daret Glauce, Tyche Elpidi autem quinquaginta: postea Maevius volente testatore litteras emisit ad eas secundum voluntatem testatoris restituturum: postea testator fecit codicillos, quibus et hoc praecepit, ut praeter hos codicillos si quid aliud prolatum esset, non valeat. quaesitum est, an Maevius, qui ducenta accepit, quia mutavit voluntatem de ea epistula testator, a mulieribus conveniri ex causa fideicommissi possit. respondit secundum ea quae proponuntur frustra Maevium conveniri, sive ducenta sive praedium pro his accepit.

D. 32, 37pr. 谢沃拉,《学说汇纂》第 18 卷

一个人在将死时遗赠一块土地给自己的母亲赛娅——但这块土地本来就属于赛娅,还设立了遗产信托,要求母亲在死后将土地移交给自己的妻子弗拉维娅·阿尔比娜。在立遗嘱人死亡以后,母亲在执法官处宣称自己不希望儿子的意愿落空,她愿意将土地转让给弗拉维娅·阿尔比娜,只要她支付两年的年金收益。不过她并没有转移占有,也没有收到年金。这里的问题是,她是否有权利将土地转让给他人。【法学家的】回答是,从遗赠和遗产信托的法律来看,在本例中,对母亲遗赠本来属于她的物是无效的,也不会产生遗产信托的义务,只要母亲并没有【从儿子的遗产中】获得其他任何东西。

D. 32, 37, 1

一个人在遗嘱中指定了继承人,遗赠给梅维奥斯 200 金币,并委托他实施给格劳切 100 金币、给泰奇·埃尔皮迪 50 金币的遗产信托。之后,梅维奥斯依据立遗嘱人的意愿,给他们写了信,【其中说明】他会依据立遗嘱人的意愿给付【相应的金钱】。后来,立遗嘱人作成遗嘱附书,其中宣称在遗嘱附书之外的其他文件不再有效。这里的问题是,由于立遗嘱人改变了信件中所表达出来的意愿,两位妇女可否请求收到 200 金币的梅维奥斯实施遗产信托?【法学家的】回答是,依据这里的情况,不能对梅维奥斯提出诉讼,无论他是收到了 200 金币,还是【收到了】替代金钱的土地。

D. 32, 37, 2

Seiam et Maevium libertos suos aequis partibus heredes scripsit: Maevio substituit Sempronium pupillum suum: deinde codicillos per fideicommissum confirmavit, quibus ita cavit: 'Lucius Titius Seiae heredi suae, quam pro parte dimidia institui, salutem. Maevium libertum meum, quem in testamento pro parte dimidia heredem institui, eam partem hereditatis veto accipere, cuius in locum partemve eius Publium Sempronium dominum meum heredem esse volo', et Maevio, ad quem hereditatis por-tionem noluit pervenire, cum hoc elogio fideicommissum reliquit: 'Maevio liberto meo de me nihil merito dari volo lagynos vini vetusti centum quinquaginta'. quaesitum est, cum voluntas testatoris haec fuerit, ut omnimodo perveniat portio hereditatis ad Sempronium pupillum, an fideicommissum ex verbis supra scriptis valere intellegatur et a quo Sempronius petere possit, cum ad certam personam codicillos scripserit. respondit posse fideicommissum a Maevio peti.

D. 32, 37, 2

【卢修斯·蒂齐奥】设立遗嘱，指定解放自由人赛娅和梅维奥斯为份额均等的继承人，并且指定自己的被监护人森普罗尼斯作为梅维奥斯的候补继承人。之后，他通过遗嘱附书确认了如下的遗产信托："卢修斯·蒂齐奥致敬被指定获得一半遗产的继承人赛娅。我禁止我的解放自由人梅维奥斯——他在遗嘱中能够得到一半遗产——获得这部分遗产份额，我希望我的【旧】主，普布流斯·森普罗尼斯候补继承他的位置和份额。"对已经不愿意让其获得遗产份额的梅维奥斯，立遗嘱人又设立了遗产信托："给不值得获得我的任何遗产的解放自由人梅维奥斯，我希望他获得150瓶陈旧葡萄酒。"这里的问题是，由于立遗嘱人的意思是无论如何让被监护人森普罗尼斯获得遗产份额，上面所提到的遗产信托是否应该有效，以及森普罗尼斯可以对谁诉请【遗产信托的履行】，毕竟【立遗嘱人的】遗嘱附书是针对一个特定的人。【法学家的】回答是可以对梅维奥斯主张遗产信托。

D. 32, 37, 3

Pater emancipato filio bona sua universa exceptis duobus servis non mortis causa donavit et stipulatus est a filio in haec verba: 'quae tibi mancipia quaeque praedia donationis causa tradidi cessi, per te non fieri dolove malo neque per eum ad quem ea res pertinebit, quo minus ea mancipia quaeque ex his adgnata erunt eaque praedia cum instrumento, cum ego volam vel cum morieris, quaequae eorum exstabunt neque dolo malo aut fraude factove tuo eiusque ad quem ea res pertinebit in rerum natura aut in potestate esse desissent, si vivam mihi aut cui ego volam reddantur restituantur, stipulatus est Lucius Titius pater, spopondit Lucius Titius filius'. idem pater decedens epistulam fideicommissariam ad filium suum scripsit in haec verba: 'Lucio Titio filio suo salutem. certus de tua pietate fidei tuae committo, uti des praestes illi et illi certam pecuniam: et Lucrionem servum meum liberum esse volo'. quaesitum est, cum filius patris nec bonorum possessionem acceperit nec ei heres exstiterit, an ex epistula fideicommissa et libertatem praestare debeat. respondit, etsi neque hereditatem adisset neque bonorum possessionem petisset et nihil ex hereditate possideret, tamen nihilo minus et ex stipulatu ab heredibus patris et fideicommisso ab his quorum interest quasi debitorem conveniri posse, maxime post constitutionem divi Pii, quae hoc induxit.

D. 32, 37, 3

一个家父以非死因的方式赠送除两名奴隶以外的所有财产给被解放的家子。家父和家子缔结了如下要式口约："对于我通过赠与交付和移转给你的财产，（你允诺）在我想要或者你死亡的时候，不取决于你的恶意或者可能取得物的人的意愿，那些奴隶和奴隶所产出的，那些土地和其构建物，以及所有仍然存在的东西——即这些东西并没有由于你的或者可能获得这些物的人的故意或者欺诈而消失或者不再处于你的权限内，这些东西或者返还给我，如果我还活着；或者返还给我指定的人。家父卢修斯·蒂齐奥通过要式口约如此询问。家子卢修斯·蒂齐奥允诺。"同一个家父在临终时给家子写了一封设立遗产信托的信，内容为："我致意家子卢修斯·蒂齐奥，我确信你的孺慕之情，我信任你能够对某甲和某乙支付一笔确定数额的金钱，我还希望我的奴隶卢克里奥获得自由。"这里提出的问题是，如果家子没有获得遗产的占有，也不是继承人，他是否应该基于信件给付遗产信托和让奴隶获得自由。【法学家的】回答是，虽然家子既没有接受遗产，也没有请求遗产占有，也不占有遗产，但是他或者可以基于要式口约而成为债务人，可被父亲的继承人起诉；或者可以基于遗产信托而成为债务人，可被有利益的人起诉。特别是在引入这种解决方案的安东尼·庇护皇帝的谕令后，更是如此。

D. 32, 37, 4

Nuptura duobus filiis suis, quos ex priore marito habebat, mandavit, ut viginti, quae doti dabat, stipularentur in omnem casum, quo solvi posset matrimonium, ut etiam alterutri ex his tota dos solvatur: constante matrimonio uno ex filiis mortuo uxor per epistulam petit a superstite filio, uti quandoque partem dimidiam dumtaxat dotis exigeret et ea contentus erit, alteram autem partem apud maritum eius remanere concedat. quaesitum est postea in matrimonio muliere defuncta, an maritus, si de tota dote conveniatur a filio, doli mali exceptione se tueri possit et an ultro ex causa fideicommissi actio ei competit, ut de parte obligationis accepto ei feratur. respondit et exceptionem utilem fore et ultro ex fideicommisso peti posse. idem quaerit, an de reliqua dimidia parte mandati actio utilis sit heredibus mulieris adversus filium eius. respondit secundum ea quae proponerentur, maxime post litteras ad filium scriptas non fore utilem. *Claudius*: quoniam in his expressit, ut contentus esset partis dimidiae dotis. quibus verbis satis fideicommissum filio relinqui placuit.

D. 32, 37, 4

一个将要再婚的妇女要求与她在之前婚姻的两个儿子订立要式口约，就任何婚姻可能解除的情况，允诺她【给新丈夫】的 20 金币的嫁资会给【两个儿子中的】其中一个。在婚姻期间，一个儿子去世。这位妇女要求幸存的家子满足于嫁资的一半，允诺另一半留在丈夫那里。这里的问题是，如果在婚姻存续期间，妇女死亡，那么丈夫是否可以通过欺诈抗辩对抗儿了请求整个嫁资的抗辩，以及反过来，丈夫是否可基于遗产信托的诉讼，以得到债务份额的正式免除。【法学家的】回答是，他可以主张欺诈抗辩，以及可以依据遗产信托请求【正式免除】。【提问人】还提出的问题是，妇女的继承人是否可以对儿子主张扩用的委托之诉，以请求剩下的一半嫁资？【法学家的】回答是，依据这里的情况，特别是在给儿子的信之后，【扩用委托之诉】不能主张。克劳丢斯认为，因为在信件中表达儿子应该满足于一半嫁资，这似乎足以表明为儿子设立了一份遗产信托。

D. 32, 37, 5

Codicillis ita scripsit: 'βούλομαι πάντα τὰ ὑποτεταγμένα κύρια εἶναι. Μαξίμῳ τῷ κυρίῳ μου δηνάρια μύρια πεντακισχίλια, ἅτινα ἔλαβον παρακαταθήκην παρὰ τοῦ θείου αὐτοῦ Ἰουλίου Μαξίμου, ἵνα αὐτῷ ἀνδρωθέντι ἀποδώσω, ἃ γίνονται σὺν τόκῳ τρὶς μύρια, ἀποδοθῆναι αὐτῷ βούλομαι· οὕτω γὰρ τῷ θείῳ αὐτοῦ ὤμοσα' quaesitum est, an ad depositam pecu-niam petendam sufficiant verba codicillorum, cum hanc solam nec aliam ullam probationem habeat. respondi: ex his quae proponerentur, scilicet cum iusiurandum dedisse super hoc testator adfirmavit, credenda est scriptura.

D. 32, 37, 6

Titia honestissima femina cum negotiis suis opera Callimachi semper uteretur, qui ex testamento capere non poterat, testamento facto manu sua ita cavit: ' Τιτία διεθέμην καὶ βούλομαι δοθῆναι Καλλιμάχῳ μισθοῦ χάριν δηνάρια μύρια': quaero, an haec pecunia ex causa mercedis ab heredibus Titiae exigi possit. respondi non idcirco quod scriptum est exigi posse in fraudem legis relictum.

D. 32, 37, 5

【一个人】在遗嘱附书中写道:"我希望我接下来所写的能被实施。我要返还给我的主人马克西姆斯 15000 银币,这是他的叔叔尤流斯·马克西姆斯寄存在我这里的,以让他在成年时能够获得。我应该给他的数额本息合计 30000 银币。我是这样对他的叔叔宣誓的。"这里的问题是,如果唯一的证据就是这份遗嘱附书,别无其他,【当事人】是否基于遗嘱附书的内容就足以请求给付寄存的金钱。我的回答是,依据这里的情况,由于立遗嘱人已经确认自己进行了宣誓,那么可以相信义件的内容。

D. 32, 37, 6

蒂齐亚是一位非常受人尊敬的女士,总是让卡利马基处理她的事务。卡利马基不能通过遗嘱获得财产。蒂齐亚亲手书写,设立如下遗嘱:"我,蒂齐亚,立此遗嘱。我希望卡利马基获得 10000 银币的报酬。"这里的问题是,蒂齐亚的继承人是否应该依据遗嘱,给付如上金额的报酬。我的回答是,并不是遗嘱这么设立,就可以请求违反法律的给付了。

D. 32, 37, 7

Ex his verbis testamenti: 'omnibus, quos quasve manumisi manumiserove sive his tabulis sive quibuscumque aliis, filios filiasve suos omnes concedi volo' quaesitum est, an his, quos vivus manumisisset, debeantur filii. respondit his quoque, quos quasve ante testamentum factum manumisisset, filios filiasve ex causa fideicommissi praestari oportere.

D. 32, 38pr. *Scaevola libro nono decimo digestorum*

Pater filium heredem praedia alienare seu pignori ponere prohibuerat, sed conservari liberis ex iustis nuptiis et ceteris cognatis fideicommiserat: filius praedia, quae pater obligata reliquerat, dimisso hereditario creditore nummis novi creditoris, a priore in sequentem creditorem pignoris hypothecaeve nomine transtulit: quaesitum est, an pignus recte contractum esset. respondit secundum ea quae proponerentur recte contractum. idem quaesiit, cum filius praedia hereditaria, ut dimitteret hereditarios creditores, distraxisset, an emptores, qui fideicommissum ignoraverunt, bene emerint. respondi secundum ea quae proponerentur recte contractum, si non erat aliud in hereditate, unde debitum exsolvisset.

D. 32，37，7

一份遗嘱中如此写道："对所有我通过这份遗嘱或者其他文件已经解放的和可能解放的男女奴隶，我希望对他们给付他们的【还是奴隶的】子女。"这里的问题是，立遗嘱人的家子是否对立遗嘱人在生前所解放的人负有义务。【法学家的】回答是，也应该通过遗产信托给付那些【立遗嘱人】在制定遗嘱之前解放的奴隶的子女。

D. 32，38pr. 谢沃拉，《学说汇纂》第19卷

家父禁止自己的家子继承人转让土地或者设置质押，而是通过遗产信托要求他为婚生子女和其他血亲保留土地。继承人用新债权人的金钱给付遗产债权人后，通过质押或者抵押将家父留给他的土地从旧债权人处转移到新债权人那里。这里的问题是，质押合同是否正确缔结。【法学家的】回答是，依据这里的情况，合同被正确地缔结。【提问人】还提出的问题是，若家子已经出售遗产土地来偿还遗产债权人，买方在不知道遗产信托的情况下，是否能够购买土地。法学家的回答是，依据这里的情况，如果在遗产中没有其他可以消灭债务的财产，合同就被正确地缔结了。

D. 32, 38, 1

Duobus libertis Sticho et Erote heredibus institutis ita cavit: 'fundum Cornelianum de nomine meorum exire veto': unus ex heredibus Stichus ancillam Arescusam testamento liberam esse iussit eique partem suam fundi legavit: quaero, an Eros et ceteri conliberti Stichi ex causa fideicommissi eius fundi partem ab herede Stichi petere possint. respondit non contineri.

D. 32, 38, 2

Filiam suam heredem scripserat et ita caverat: 'veto autem aedificium de nomine meo exire, sed ad vernas meos, quos hoc testamento nominavi, pertinere volo': quaesitum est, defuncta herede et legatariis vernis an ad unum libertum qui remansit totum fideicommissum pertineret. respondit ad eum, qui ex vernis superesset, secundum ea quae proponerentur virilem partem pertinere.

D. 32，38，1

【立遗嘱人】指定解放自由人斯蒂科斯和艾洛斯作为自己的继承人，在遗嘱中写道："我禁止科尔纳里安土地逸出拥有我的姓氏的人之手。"斯蒂科斯在他的遗嘱中解放了奴隶阿雷斯库，并且遗赠自己的【科尔纳里安】土地份额给她。这里的问题是，艾洛斯，以及斯蒂科斯的其他解放自由人同伴是否可以基于遗产信托请求斯蒂科斯的继承人给付土地份额？【法学家的】回答是，【阿雷斯库】并不包含在【遗产信托中】。

D. 32，38，2

【立遗嘱人】通过书面遗嘱指定自己的女儿为继承人，并写道："我禁止某建筑逸出拥有我的姓氏的人之手。我希望【在你之后】建筑属于在我家中出生的奴隶，也就是我在该遗嘱中记录姓名的那些人。"这里的问题是，如果继承人和其他奴隶都去世了，那么是否全部遗产信托属于那个唯一活着的解放自由人。【法学家的】回答是，对于这位在家中出生而存活至今的奴隶，拥有属于自己的那份份额。

D. 32, 38, 3

Fundum a filio, quoad vixerit, vetuit venundari donari pignerari et haec verba adiecit: 'quod si adversus voluntatem meam facere voluerit, fundum Titianum ad fiscum pertinere: ita enim fiet, ut fundus Titianus de nomine vestro numquam exeat'. quaesitum est, cum vivus filius eum fundum secundum voluntatem patris retinuerit, an defuncto eo non ad heredes scriptos a filio, sed ad eos, qui de familia sunt, pertineat. respondit hoc ex voluntate defuncti colligi posse filium quoad viveret alienare vel pignerare non posse, testamenti autem factionem et in eo fundo in extraneos etiam heredes habiturum.

D. 32, 38, 4

Iulius Agrippa primipilaris testamento suo cavit, ne ullo modo reliquias eius et praedium suburbanum aut domum maiorem heres eius pigneraret aut ullo modo alienaret: filia eius heres scripta heredem reliquit filiam suam neptem primipilaris, quae easdem res diu possedit et decedens extraneos instituit heredes. q-uaesitum est, an ea praedia extraneus heres haberet an vero ad Iuliam Domnam, quae habuit patruum maiorem Iulium Agrippam, pertinerent. respondi, cum hoc nudum praeceptum est, nihil proponi contra voluntatem defuncti factum, quo minus ad heredes pertinerent.

LIBER TRIGESIMUS SE CUNDUS
DE LEGATIS ET FIDEICOMMISSIS

D. 32, 38, 3

【立遗嘱人】禁止家子在其生存期间转让、赠与或者质押土地，并且如此写道："如果后来他违背了我的意愿，那么提齐亚诺土地就属于国库。这样做的目的是让提齐亚诺土地不逸出拥有我的姓氏的人之手。"这里的问题是，如果家子在其生存期间一直按照家父意愿而持有土地，那么在其死亡的时候，土地是属于家子指定的继承人，还是那些拥有家族姓氏的人？【法学家的】回答是，从死者的意愿中可以推断家子在生存期间不能出售或者质押，但是他可以设立遗嘱，也可以将土地给家外继承人。

D. 32, 38, 4

尤里斯·阿格里帕是首席【百夫长】，设立遗嘱时要求继承人无论如何不能够转让或者质押获得的物品、郊区土地和主要房屋。他的女儿，也是被书面指定的继承人，留给自己的女儿（也就是死者的外孙女）死者所提到的这些东西，而外孙女一直长期占有这些物。外孙女死亡的时候指定了家外继承人。这里的问题是，这些土地是家外继承人的，还是属于尤里斯·阿格里帕的伯父尤里亚·多姆那。我的回答是，这里只是一个简单的劝诫，【那些财产】不归属于继承人并没有违反死者遗愿。

D. 32, 38, 5

Quindecim libertis, quos nominaverat, praediolum cum taberna legaverat et adiecerat haec verba: ' sibique eos habere possidere volo ea lege et condicione, ne quis eorum partem suam vendere donareve aliudve quid facere alii velit: quod si adversus ea quid factum erit, tunc eas portiones praediumve cum taberna ad rem publicam Tusculanorum pertinere volo' . quidam ex his libertis vendiderunt partes suas duobus conlibertis suis ex eodem corpore, emptores autem defuncti Gaium Seium extraneum heredem reliquerunt: quaesitum est, partes quae venierunt utrum ad Gaium Seium an ad superstites collibertos suos, qui partes suas non vendiderunt, pertinerent. respondit secundum ea quae proponerentur ad Gaium Seium pertinere. idem quaesiit, an partes venditae ad rem publicam Tusculanorum pertinerent. respondi non pertinere. *Claudius*: quia non possidentis persona, qui nunc extraneus est, respicienda est, sed emptorum, qui secundum voluntatem defunctae ex illis fuerunt, quibus permiserat testatrix venundari, nec condicio exstitit dati fideicommissi Tusculanis.

D. 32, 38, 5

【立遗嘱人】给 15 名解放白由人遗赠了一小块附有店铺的土地，她在遗嘱中指名了这些解放自由人，并且写道："我希望他们能够自己拥有和占有土地，条件是任何人都不能出售、赠与份额给团体以外的人或者为外人的利益而从事活动。如果违反了这些要求，那么我希望他们的份额，或者土地以及店铺属于自治市图斯古鲁姆。"有几个解放自由人出售了他们的份额给两名同属于这个团体的共同解放自由人，而买受人在死亡的时候，将外部人盖尤斯·塞尤斯作为继承人。这里的问题是，被出售的份额是属于盖尤斯·塞尤斯，还是属于其他没有出售份额的仍存活的共同解放自由人。【法学家的】回答是属于盖尤斯·塞尤斯。【提问人】还问，被出售的份额是否属于自治市图斯古鲁姆。我的回答是不属于。克劳丢斯：因为这里不是要看占有份额的人——现在是外部人，而是要看买受人。而依据死者意愿，买受人属于死者允许出卖的对象，因此不满足给图斯古鲁姆的遗产信托的条件。

D. 32, 38, 6

Fidei commisit eius, cui duo milia legavit, in haec verba: 'a te, Petroni, peto, uti ea duo milia solidorum reddas collegio cuiusdam templi' . quaesitum est, cum id collegium postea dissolutum sit, utrum legatum ad Petronium pertineat an vero apud heredem remanere debeat. respondit Petronium iure petere, utique si per eum non stetit parere defuncti voluntati.

D. 32, 38, 7

Mater filios heredes scripserat et adiecit: 'praedia, quae ad eos ex bonis meis perventura sunt, nulla ex causa abalienent, sed conservent successioni suae deque ea re invicem sibi caverent': ex his verbis quaesitum est, an praedia per fideicommissum relicta videantur. respondit nihil de fideicommisso proponi.

D. 32, 38, 8

Ex parte dimidia heredi instituto per praeceptionem fundum legavit et ab eo ita petit: 'peto, uti velis coheredem tibi recipere in fundo Iuliano meo, quem hoc amplius te praecipere iussi, Clodium Verum nepotem meum, cognatum tuum': quaesitum est, an pars fundi ex causa fideicommissi nepoti debeatur. respondit deberi.

LIBER TRIGESIMUS SE CUNDUS
DE LEGATIS ET FIDEICOMMISSIS

D. 32, 38, 6

【一个人】给某人遗赠了 2000 金币，并如此信托他："我要求你，贝特罗尼斯，将这 2000 金币给某个寺院团体。"这里的问题是，如果后来这个团体解散了，那么遗赠属于贝特罗尼斯还是属于继承人。【法学家的】回答是贝特罗尼斯可以请求【遗赠】，特别是没能遵循死者的意愿并不是由于他的原因。

D. 32, 38, 7

一位母亲通过书面指定儿子为继承人，写道："无论如何【我的儿子们】不能出售从我的财产移交到他们手中的土地，他们应该通过继承保留这些土地，而且他们应该为此以要式口约的方式互相缔结担保。"这里的问题是，这些土地是否负有遗产信托。【法学家的】回答是，这里的话语看不出来创设了遗产信托。

D. 32, 38, 8

【立遗嘱人】对被指定获得一半财产的继承人以先取遗赠的方式遗赠了一块土地，并且要求："在我通过先取遗赠方式，【在遗产份额】之外遗赠给你的尤里安诺土地上，你应该接受你的共同继承人克劳丢斯·维鲁姆，他是我的侄子，你的亲属。"这里的问题是，侄子是否可以依据遗产信托请求土地份额。【法学家的】回答是肯定的。

D. 32, 39pr. Scaevola libro vicesimo digestorum

'Pamphilo liberto hoc amplius, quam codicillis reliqui, dari volo centum. scio omnia, quae tibi, Pamphile, relinquo, ad filios meos perventura, cum affectionem tuam circa eos bene perspectam habeo'. quaero, an verbis supra scriptis Pamphili fideicommisit, ut post mortem filiis defuncti centum restituat. respondit secundum ea quae proponerentur non videri quidem, quantum ad verba testatoris pertinet, fidei commissum Pamphili, ut centum restitueret: sed cum sententiam defuncti a liberto decipi satis inhumanum est, centum ei relictos filiis testatoris debere restitui, quia in simili specie et imperator noster divus Marcus hoc constituit.

D. 32, 39, 1

Propositum est non habentem liberos nec cognatos in discrimine vitae constitutum per infirmitatem arcessitis amicis Gaio Seio contubernali dixisse, quod vellet ei relinquere praedia quae nominasset, eaque dicta in testationem Gaium Seium redegisse etiam ipso testatore interrogato, an ea dixisset, et responso eius tali μάλιστα inserto: quaesitum est, an praedia, quae destinata essent, ex causa fideicommissi ad Gaium Seium pertinerent. respondit super hoc nec dubitandum esse, quin fideicommissum valet.

D. 32，39pr. 谢沃拉，《学说汇纂》第 20 卷。

"我希望在遗嘱附书中留给他的东西之外，再给解放自由人潘菲鲁斯 100 金币。潘菲鲁斯，所有我留给你的财产，都是要交给我的儿子们的，因为我知道你对他们的喜爱之情。"这里的问题是，以上的话语是否意味着【立遗嘱人】让潘菲鲁斯负担给死者儿子们 100 金币的遗产信托。【法学家的】回答是，从立遗嘱人的话语看，不能认为潘菲鲁斯有依据遗产信托给付 100 金币的义务，不过，由于解放自由人逃避【让其自由的】死者的意愿是违反人们本性的，他应该给立遗嘱人的家子们 100 金币，因为在一个类似情况中，我们的皇帝马克·奥勒留也如此认为。

D. 32，39，1

这里的案件是，有一个人既没有儿子，也没有亲属，在重病弥留之际，他召集了他的朋友，告诉和他居住在一起的盖尤斯·塞尤斯，要留给盖尤斯·塞尤斯他指明的土地。盖尤斯·塞尤斯在书面文件中记载了这些话语，并且询问立遗嘱人他是否说了这些话，义件中记载的立遗嘱人的回答是："非常确定。"这里的问题是，盖尤斯·塞尤斯是否依据遗产信托获得指定的土地。【法学家的】回答是，不能怀疑遗产信托有效的事实。

D. 32, 39, 2

Duas filias aequis ex partibus heredes fecerat: alteri fundum praelegaverat et ab ea petierat, ut sorori suae viginti daret: ab eadem filia petit, ut partem dimidiam fundi eidem sorori restitueret: quaesitum est, an viginti praestari non deberent. respondi non esse praestanda.

D. 32, 40pr. *Scaevola libro vicesimo primo digestorum*

Post emancipationem patris suscepta a patruo ut legitimo herede petierat, ut partem hereditatis avunculo suo daret et agros duos: ad utrumque autem ut proximum cognatum successio eius pertinuit per bonorum possessionem. quaesitum est, cum in parte hereditatis fideicommissum non constiterit, quam suo iure per bonorum possessionem avunculus habiturus est, an nihilo minus in partem agrorum consistat, ut Titius partes agrorum duas, id est unam, quam suo iure per bonorum possessionem habeat, alteram vero partem ex causa fideicommissi petere debeat. respondit posse petere. idem quaesiit, si ab eodem patruo fideicommissum aliis quoque dederit, utrum in solidum, an vero pro parte ab eo praestanda sint. respondit in solidum praestari.

D. 32, 39, 2

【立遗嘱人】指定两个女儿为份额均等的继承人，对其中一个以先取遗赠的方式遗赠一块土地，并且要求她给付另一位女儿20，还要求她将一半土地给另一位女儿。这里的问题是，20是否应该给付。我认为不应该给付。

D. 32, 40pr. 谢沃拉,《学说汇纂》第21卷。

在家父被解放后出生的【一位女士】要求她的法定继承人，她的叔叔，给付一定数额的遗产和两块田地给她的舅舅。这两个人由于是最近的亲属，通过遗产占有可以获得继承。这里的问题是，由于对舅舅通过遗产占有获得的遗产份额来说，与之对应的遗产信托消灭，对于田地的遗产信托份额是否还存在，也就是【舅舅】蒂齐奥对田地是否有两个份额，一份是基于遗产占有获得的份额，另一份是可以通过遗产信托主张的。【法学家的】回答是，他可以【通过遗产信托】主张。【提问人】还问，在【死者】也要求叔父对其他人负担遗产信托时，叔父是应该给付全部，而是依据他的份额给付。【法学家的】回答是应该全部给付。

D. 32, 40, 1

Seiam ex dodrante, Maevium ex quadrante instituit heredes, fidei Seiae commisit in haec verba: 'a te peto tuaeque fidei committo, quidquid ex hereditate mea ad te pervenerit, restituas filio tuo retentis tibi hortis meis'. quaesitum est, cum generali capite fideicommisisset 'quisquis heres esset' de omnibus, ut praestarent quod cuique legasset praestari fierive iussisset, an, cum dodrantem hereditatis restituerit, hortos in assem vindicare Seia debet. respondit etiam coheredis fidei commissum videri, ut quadrantem, quem in his hortis haberet, Seiae redderet.

D. 32, 41pr. *Scaevola libro vicesimo secundo digestorum*

Uxorem et filium communem heredes instituit et uxoris fidei commisit in haec verba: 'peto a te, domina uxor, ne ex fundo Titiano partem tibi vindices, cum scias me universam emptionem eius fundi fecisse, sed beneficio affectionis et pietatis, quam tibi debui, eandem emptionem, cum nummis meis comparassem, tecum communicasse': quaesitum est, an eum fundum in solidum filii esse voluerit. respondit eum, de quo quaereretur, perinde rationem in fundo haberi voluisse ac si universus hereditarius esset, ut pro dimidia parte et uxor et filius agrum ut hereditarium habeant.

D. 32, 40, 1

【立遗嘱人】指定继承人赛娅获得四分之三的遗产,梅维奥斯获得四分之一,要求赛娅履行遗产信托:"我要求你并信赖你将所有你从我的遗产获得的东西给你的儿子,你可以保留我的花园。"这里的问题是,若【立遗嘱人】是在【遗嘱中】以一般条款设立遗产信托,无论谁是继承人,应该承担我为每个人设立的遗赠,或履行我要求对每个人应作出的给付,那么,赛娅在给付四分之三的遗产后,是否可以请求整个花园的所有权。【法学家的】回答是,共同继承人也应该承担遗产信托,给赛娅他对花园所有的四分之 的份额。

D. 32, 41pr. 谢沃拉,《学说汇纂》第 22 卷

【立遗嘱人】指定妻子和他们共同的儿子为继承人,通过以下话语要求妻子负担遗产信托:"我请求你,我的妻子和伴侣,不要主张你对蒂齐亚诺土地的份额,因为你知道这块土地是我独力购买的,但是,出于我对你的爱情和感情,我愿意和你分享这个购买,尽管我是用我自己的钱买的。"这里的问题是,【立遗嘱人】是否想要儿子取得完整土地。【法学家的】回答是,就这里的情况看,立遗嘱人想要将整个土地都作为遗产,因此,妻子和儿子都拥有这块作为遗产的土地,【每人】一半份额。

D. 32, 41, 1

In testamento ita scriptum fuit: 'domum meam cum horto applicito libertis meis concedi volo' et alio capite: 'Fortunio liberto meo ex domu mea, quam libertis dedi, diaetam, in qua habitabam, item cellarium iunctum eidem diaetae ab herede meo concedi volo'. quaesitum est, an heres testatoris oneratus videatur in praestando legato Fortunio, quamvis domus universa libertis sit praelegata. respondit non esse oneratum.

D. 32, 41, 2

Codicillis confirmatis ita cavit: 'omnibus autem libertis meis et quos vivus et quos his codicillis manumisi vel postea manumisero, contubernales suas, item filios filias lego, nisi si quos quasve ad uxorem meam testamento pertinere volui vel ei nominatim legavi legavero'. idem postea petiit ab heredibus suis, ut regionem Umbriae Tusciae Piceno coheredes uxori suae restituerent cum omnibus, quae ibi erunt, et mancipiis rusticis vel urbanis et actoribus exceptis manumissis. quaesitum est, cum Eros et Stichus servi in diem vitae testatoris in Umbria in Piceno actum administraverint, sint autem Damae, quem testator vivus manumiserat, filii naturales, utrum eidem Damae ex verbis codicilli ab heredibus praestandi sint, an vero ad Seiam uxorem ex verbis ep-istulae pertineant. respondit ex codicillis ad patrem eos naturalem pietatis intuitu pertinere.

D. 32，41，1

一份遗嘱如此写道："我希望给我的解放自由人们我的房屋和连带的花园。"在另一段中写道："在我留给我的解放自由人们的房屋中，我希望我的继承人给解放自由人福尔图尼奥我通常居住的那间房屋，和与之相连的储藏室。"这里的问题是，继承人是否应该给付福尔图尼奥遗赠，尽管整个房屋都已经被先取遗赠给解放自由人们了。【法学家的】回答是没有这个义务。

D. 32，41，2

在一份被确认的遗嘱附书中，【立遗嘱人】如此写道："给我所有的解放自由人，无论是我生存期间解放的，还是我通过这份遗嘱附书或者之后的其他文件解放的，我【依据奴隶身份】遗赠他们的妻子以及子女，除了那些在遗嘱中我希望属于我妻子的，或者我点名遗赠或者将要遗赠给她的。"后来，【立遗嘱人】在一封信件中，要求他的继承人们给他的妻子——也是他们的共同继承人——在翁布里亚、图夏和皮切诺的土地，以及所有的附属物，以及乡村、城巾的奴隶和管理人，已经被解放的奴隶除外。这里的问题是，奴隶艾洛斯和斯蒂科斯在死者在世期间一直在翁布里亚和皮切诺从事管理活动，同时也是达马的非婚生儿子，而死者在世的时候已经解放达马。那么艾洛斯和斯蒂科斯是应该如同遗嘱附书所言，由继承人交付给达马；还是应该如同信件中所说的那样，被交付给死者的妻子？【法学家的】回答是，基于遗嘱附书，考虑【父子】亲情，他们应该属于生父。

D. 32, 41, 3

Felicissimo et Felicissimae, quibus libertatem dederat, fundum Gargilianum legavit cum casa, et alio capite Titio filio, quem ex parte quarta heredem scripserat, praelegaverat in haec verba: 'Titi fili, hoc amplius de medio sumito legata mea, quae mihi tam pater tuus Praesens quam Coelius Iustus frater patris reliquerunt'. quaesitum est, cum fundus Gargilianus testatrici a marito eius, id est a patre Titii filii legatus sit, cui fundus ex causa fideicommissi debeatur, utrum Titio filio tantum an Felicissimo et Felicissimae an tribus. respondit non esse verisimile eam, quae nihil aliud Felicissimo et Felicissimae nisi haec quae specialiter legavit, ad filium, cui et hereditatis suae partem reliquit, legatum generali sermone transferre voluisse.

D. 32, 41, 4

Testamento pueros ita legaverat: 'Publio Maevio dominulo meo ab heredibus meis dari volo pueros quinque ex meis dumtaxat intra annos septem': post annos complures, quam fecit testamentum, moritur. quaesitum est, cuius aetatis Maevio mancipia debeantur, utrumne quae testamenti facti tempore intra septem annos fuerunt an quae mortis tempore intra eam aetatem inveniantur. respondit eam videri aetatem designatam, quae esset, cum a testatore relinquerentur.

LIBER TRIGESIMUS SE CUNDUS DE LEGATIS ET FIDEICOMMISSIS

D. 32, 41, 3

【立遗嘱人】将加吉里亚诺土地连同房屋遗赠给费利奇西莫和费利奇西玛，她已经解放了这两个人。在【遗嘱的】另一个条款中，为了她的儿子蒂齐奥，被指定为四分之一遗产的继承人，设立了如下先取遗赠："我的儿子蒂齐奥，除了遗产份额之外，你可以获得你的父亲普雷森塔或他的兄弟科流斯·尤斯图斯给我的遗赠。"这里的问题是，由于加吉里亚诺土地是立遗嘱人的丈夫，也就是家子蒂齐奥的家父遗赠给她的，谁能够依据遗产信托获得这块土地，是家子蒂齐奥，还是费利奇西莫和费利奇西玛，还是【所有】三个人？【法学家的】回答是，除了特别指出的物外，立遗嘱人没有给费利奇西莫和费利奇西玛遗赠别的物，因此不太可能的是，立遗嘱人希望以一般条款的方式将遗赠转移给自己的儿子，特别是她已经给家子设立了遗产份额。

D. 32, 41, 4

在遗嘱中，【死者】以如下方式遗赠年轻的奴隶们："我希望继承人给我的旧主普布流斯·梅维奥斯5个我的年轻奴隶，他们应该小于7岁。"他在立遗嘱多年以后才死去。这里的问题是，给梅维奥斯的奴隶应该多少岁，是在立遗嘱的时候小于7岁，还是在【立遗嘱人】死去时小于7岁。【法学家的】回答是，年龄依据立遗嘱人设立遗赠的时候判断。

D. 32, 41, 5

Concubinae inter cetera his verbis legaverat: 'fundum in Appia cum vilico suo et contubernali eius et filiis dari volo': quaesitum est, an nepotes quoque vilici et contubernalis eius testator ad concubinam pertinere voluit. respondit nihil proponi, cur non deberentur.

D. 32, 41, 6

Legaverat per fideicommissum Maeviis ita: 'et quidquid in patria Gadibus possideo': quaesitum est, an, si quam sub-urbanam adiacentem possessionem haberet, haec quoque ex causa fideicommissi Maeviis debeatur. respondit posse ad hanc quoque verborum significationem extendi. item quaesitum est, an, si calendarii, quod in patria sua vel intra fines eius defunctus exercuit, instrumenta in domo, quam in patria sua habebat, reliquit, an id quoque kalendarium propter verba supra scripta Maeviis ex causa fideicommissi deberetur. respondit non deberi. item quaes-itum est, an pecunia, quae in arca domi Gadibus inventa esset, vel ex diversis nominibus exacta et ibi deposita, ex fideicommisso debeatur. respondit supra responsum.

D. 32, 41, 5

除了其他物品，【立遗嘱人】为他的姘妇设立如下遗赠："我希望你获得在阿庇亚的土地，以及土地管理人、【处于奴隶地位的】管理人的妻子和子女。"这里的问题是，立遗嘱人是否希望姘妇也能够获得管理人和他妻子的孙子。【法学家的】回答是，看不出来什么能够阻止她获得【孙子】。

D. 32, 41, 6

【立遗嘱人】通过遗产信托为梅维斯设立遗赠："以及所有我在故乡卡迪切所拥有的。"这里的问题是，如果他在【卡迪切】附近拥有一些郊区地产，梅维斯是否可以通过遗产信托获得这些地产。【法学家的】回答是，【解释】可以扩张到这种含义。同样还存在的问题是，如果在他故乡的家中有记录债权的文书，这些债权是死者在他的故乡所主张的，梅维斯是否能够基于遗产信托获得这些债权？【法学家的】回答是不能。同样还存在的问题是，在卡迪切的家的钱柜中发现的金币，或者死者从其他债权人处获得并寄存在那里的金币，梅维斯是否可以通过遗产信托获得。【法学家的】回答和上面一样。

D. 32, 41, 7

Testamento, quo filium et uxorem heredes instituerat, filiae per fideicommissum centum, cum in familia nuberet, legavit et adiecit ita: 'fidei tuae, filia, committo, ut, cum in familia nubas et quotienscumque nubes, patiaris ex dote tua, quam dabis, partem dimidiam stipulari fratrem tuum et Seiam matrem tuam pro partibus dimidiis dari sibi, si in matrimonio eius cui nubes sive divortio facto, priusquam dos tua reddatur eove nomine satis-factum erit, morieris nullo filio filiave ex eo relicto'. pater virginem filiam nuptum collocavit eiusque nomine dotem dedit et post divortium eandem recepit et alii in matrimonium cum dote dedit et stipulatus est eam dotem sibi aut filiae suae reddi: manente filia in matrimonio secundo mortuus est eodem testamento relicto eique heredes exstiterunt filius et uxor: postea marito defuncto puella dote recepta nupsit alii praesentibus et consentientibus fratre et matre, quae etiam dotem eius auxit, et neuter eorum stipulati sunt dotem: mox matri filius et filia heredes exstiterunt: deinde in matrimonio filia decessit marito herede relicto. quaesitum est, cum puella non ex causa legati pecuniam in dotem ab heredibus patris acceperat, sed mortuo secundo marito mater familias facta dotem reciperaverat, an heres eius ex causa fideicommissi fratri defunctae teneatur in eam pecuniam, quam percipere posset, si dotem stipulatus esset. respondit secundum ea quae proponerentur non teneri.

D. 32, 41, 7

【某人】在遗嘱中指定妻子和家子为继承人,通过遗产信托遗赠给女儿 100 金币,如果女儿结婚【并组建】家庭。他补充道:"我的女儿,在你结婚【组】家的时候以及所有将来你可能的婚姻中,我信任你会允许你的兄弟及母亲塞娅订立要式口约,如果你在婚姻期间死亡,或者在离婚后、嫁资被返还前或被担保返还前死亡,而你又没有儿子或者女儿时,你【给你丈夫】的嫁资的一半会以均等份额返还给他们。"父亲安排了女儿的第一次婚姻,给了她嫁资。在离婚后,家父收回了嫁资,然后,在女儿和另一个人的婚姻中,他给了女儿嫁资,并且设立要式口约,允诺嫁资返还给自己或者他的女儿。在女儿的第二次婚姻期间,家父死亡,留下了上面提到的遗嘱,他的家子和妻子成为继承人。后来,女儿的【第二任】丈夫去世,女儿在获得嫁资后,又进入了第三段婚姻。这段婚姻得到了她兄弟和母亲的出席以及同意,兄弟和妻子增加了嫁资,但是并没有提嫁资【返还】要式口约的事情。后来,儿子和女儿都成为母亲的继承人。之后,女儿在婚姻存续期间死亡,其丈夫成为继承人。这里的问题是,女儿没有从家父的继承人那里获得用于设立【给第三任丈夫】嫁资的金钱的遗赠,而是在第二任丈夫死后取回嫁资,并成为家母,或许依据遗产信托,她的继承人可以对死者的兄弟主张这笔金钱,这笔如果当时允诺缔结嫁资要式口约就可以得到的金钱?【法学家的】回答是,依据本例的情况,不可以。

D. 32, 41, 8

Eius heres vel legatarius rogatus est, ut quendam adoptet, his verbis adiectis: 'si alias fecerit, exheres esto' vel 'perdat legatum' . quaesitum est, si non adoptaverit, an ei qui adoptatus non est actio quaedam ex fideicommisso competit. respondit fideicommissum, quo quis rogatur ut adoptet, ratum non esse.

D. 32, 41, 9

'Agri plagam, quae est in regione illa, Maeviis Publio et Gaio transcribi volo, pretio facto viri boni arbitratu et hereditati illato, duplae evictione expromissa reliquis heredibus, ita ut sub poena centum promittant eam agri plagam partemve eius ad Seium posterosve eius non perventuram quaqua ratione.' quaesitum est, an legatum valeat, cum Publius emere velit, Gaius nolit. respondit eum, qui fideicommissum praestari sibi velit, posse partem dimidiam eius agri qui legatus est petere, quamvis alter persequi nolit. item quaesitum est, cautio, quae interponi debeat secundum voluntatem, pro quota parte cuique heredum praestanda sit. respondit pro ea portione, quae ex fideicommisso praestatur.

D. 32, 41, 8

通过遗产信托要求继承人或者遗赠受益人收养一个人，并写道："如果不照此办理，失去继承人资格"或者"丧失遗赠"。这里的问题是，如果他们没有实施收养，没有被收养的人是否有基于遗产信托的诉讼。【法学家的】回答是要求某人收养的遗产信托是无效的。

D. 32, 41, 9

"我希望对【继承人】梅维斯、普布流斯和盖尤斯转让那个地区的一块土地，只要一个诚实的人担任的裁判人确定价格，支付的价金应该进入我的遗产，其他的继承人允诺在发生追夺时支付双倍价格，以及只要【梅维斯等人】允诺这块土地及其部分不能基于任何理由给塞尤斯或者他的继承人，否则要支付 100 金币。"这里的问题是，如果普布流斯希望购买而盖尤斯不愿意，遗赠是否生效。【法学家的】回答是，想要获得遗产信托的人可以请求被遗赠土地的一半，即使其他人不愿意行使【权利】。另一个问题是，从死者意愿看，每个继承人是否应该提供一定份额的保证要式口约【以不让土地落入塞尤斯以及其继承人之手】。【法学家的】回答是应该依据份额【缔结要式口约】，份额依据遗产信托确立。

D. 32, 41, 10

Sorori legavit homines quos nominavit testamento eiusque fidei commisit, ut eadem mancipia filiis suis cum obiret restitueret. quaesitum est, adgnata ex his an defuncti filii heredibus restituenda sint post mortem legatariae an remaneant apud heredes eius. respondit ea, quae postea adgnata essent, verbis fideicommissi non contineri.

D. 32, 41, 11

Pater naturalis filiae suae ex testamento mariti eius fideicommissi debitor, cum ea mulier alii nuberet, non mandatu mulieris dotem marito eius dedit et sibi reddi eam stipulatus est, si sine liberis filia moreretur: mulier filiam suscepit: quaesitum est, an fideicommissum a patre exigere possit. respondit, si nec ratam habuisset dotem datam, superesse fideicommissi petitionem. idem quaesiit, an, si pater accepto facere stipulationem velit, mulieri persecutio fideicommissorum deneganda sit. respondit supra responsum, eumque patrem, de quo quaereretur, si ita dedisset, ut mulier ratum haberet, posse condicere.

D. 32, 41, 10

【一个立遗嘱人】遗赠了一些奴隶给他的姐姐，他在遗嘱中明确提到了奴隶的名字，并通过遗产信托要求她在死后把这些奴隶给他的儿子。这里的问题是，在受遗赠人死后，那些【奴隶】的孩子是应该交给死者的继承人，还是留在姐姐的继承人处。【法学家的】回答是，这些奴隶是之后出生的，不包含在遗产信托里面。

D. 32, 41, 11

生父依据女儿丈夫的遗嘱，对他的女儿负担有遗产信托。女儿再次结婚时，在没有女儿要求的情况下，生父给新丈夫嫁资，并缔结要式口约要求在女儿无子嗣死亡的时候，应该返还嫁资给他。这位女士后来有个女儿。这里的问题是，是否可以对生父主张遗产信托。【法学家的】回答是，如果女儿没有追认设立嫁资的行为，那么主张遗产信托的诉继续存在。【提问者】继续的问题是，如果家父正式免除要式口约所生的【返还之】债，是否应该否认女士基于遗产信托的诉讼。【法学家的】回答是，和之前的情况一样。以及，如果生父给付【嫁资】是为了让妇女追认，那么他可以主张【返还】嫁资。

D. 32, 41, 12

Seium maritum scripsit heredem eique substituit Appiam alumnam fideique heredis commisit, ut post mortem suam hereditatem eidem alumnae restitueret aut, si quid ante contigisset alumnae, tunc Valeriano fratris filio restitueret eandem hereditatem. quaesitum est, si Seius vivus, quidquid ad eum ex hereditate pervenisset, alumnae restituisset, an secundum voluntatem defunctae id fecisse videretur: praesertim cum haec idem substituta esset. respondit, si vivo Seio Appia decessisset, non esse liberatum a fideicommisso Valeriano relicto.

D. 32, 41, 13

Scaevola respondit: cum heres scriptus rogatus esset, cum volet, alii restituere hereditatem, interim non est compellendus ad fideicommissum. *Claudius*: post mortem enim utique creditur datum.

D. 32, 41, 14

Heredis scripti fidei commiserat, ut Seiae uxori universam restitueret hereditatem et uxoris fidei commisit in haec verba: ' a te, Seia, peto, ut quidquid ad te ex hereditate mea pervenerit, exceptis his, si qua tibi supra legavi, reliquum omne reddas restituas Maeviae infanti dulcissimae. a qua Seia satis exigi veto, cum sciam eam potius rem aucturam quam detrimento futuram'. quaesitum est, an statim Maevia fideicommissum a Seia petere possit. respondit nihil proponi, cur non possit.

D. 32, 41, 12

【立遗嘱人】指定她的丈夫塞尤斯为继承人,并指定她养育的女孩阿皮娅为候补继承人,同时,她设立了遗产信托,要求继承人在死亡后把获得的遗产给这个女孩,或者,如果女孩遭遇什么不测,那么把遗产给立遗嘱人的侄子瓦莱里亚诺斯。这里的问题是,如果塞尤斯在还活着的时候把所有从遗产得到的东西都给了女孩,可否认为他遵从了死者的意愿,特别是女孩还是候补继承人。【法学家的】回答是,如果阿皮娅在塞尤斯尚生存期间去世,那么不能免除塞尤斯依据遗产信托对瓦莱里亚诺斯给付的义务。

D. 32, 41, 13

谢沃拉给出的回答是,如果被书面指定的继承人被要求在他愿意的时候给付遗产给另一个人,那么他并不应该被强制履行。克劳丢斯:人们认为,其实【遗产信托】是为了在死后给付。

D. 32, 41, 14

【立遗嘱人】通过遗产信托,要求继承人将所有遗产给付给妻子赛娅,并要求妻子承担以下内容的遗产信托:"我要求你,赛娅,除了之前我提到的遗赠给你的东西,将所有你从我的遗产中得到的其他东西给我们亲爱的孩子梅维娅。我禁止赛娅应该为此提供担保,因为我知道她会让财产增加,而不是让财产减少。"这里的问题是,梅维娅是否可以立刻对赛娅请求遗产信托。【法学家的】回答是没什么能妨碍这种请求。

D. 32, 42 *Scaevola libro trigesimo tertio digestorum*

Titius heredes instituit Seiam uxorem ex parte duodecima, Maeviam ex reliquis partibus et de monumento quod sibi exstrui volebat, ita cavit: 'corpus meum uxori meae volo tradi sepeliendum in fundo illo et monumentum exstrui usque ad quadringentos aureos'. quaero, cum in duodecima parte non amplius quam centum quinquaginta aurei ex bonis mariti ad uxorem perveniant, an hac scriptura ab ea sola monumentum sibi testator exstrui voluerit. respondi ab utraque herede monumentum pro hereditariis portionibus instruendum.

D. 32, 43 *Celsus libro quinto decimo digestorum*

Si filiae pater dotem arbitratu tutorum dari iussisset, Tubero perinde hoc habendum ait ac si viri boni arbitratu legatum sit. Labeo quaerit, quemadmodum apparet, quantam dotem cuiusque filiae boni viri arbitratu constitui oportet: ait id non esse difficile ex dignitate, ex facultatibus, ex numero liberorum testamentum facientis aestimare.

D. 32, 44 *Pomponius libro secundo ad Sabinum*

Si fundus legatus sit cum his quae ibi erunt, quae ad tempus ibi sunt non videntur legata: et ideo pecuniae, quae faenerandi causa ibi fuerunt, non sunt legatae.

D. 32，42 谢沃拉，《学说汇纂》第 33 卷

蒂齐奥指定妻子赛娅为继承人，获得十二分之一的财产；梅维娅获得其他的财产。就他想要为自己建造的墓碑，他如此写道："我希望我的身体被交给我的妻子，以埋葬于那块土地，并且建造一个【价格】高至 400 金币的墓碑。"这里的问题是，由于妻子所获得的丈夫的十二分之一的遗产不超过 150 金币，立遗嘱人是否希望妻子一个人独力建造墓碑？我给出的回答是，应该由两个继承人共同建造，他们应该按照获得的遗产份额来分担。

D. 32，43 杰尔苏，《学说汇纂》第 15 卷

图贝罗确认，如果家父【通过遗赠】，要求依据她的监护人的判断，给付嫁资给女儿，这里应该认为如同依据一个善良人的判断来给付遗赠。拉贝奥询问如何能够依据善良人的判断来确定给付女儿的嫁资数额，回答是这并不困难，可以依据社会地位、财产和立遗嘱人孩子的数量来确定数额。

D. 32，44 彭波尼，《萨宾评注》第 2 卷

如果一块土地及在土地上的物被遗赠，那么只是暂时在土地上的物并没有被遗赠。因此，在土地上的用于放贷的金钱并没有被遗赠。

D. 32, 45 *Ulpianus libro vicesimo secundo ad Sabinum*

Hoc legatum 'uxoris causa parata' generale est et continet tam vestem quam argentum aurum ornamenta ceteraque, quae uxoris gratia parantur. sed quae videantur uxoris causa parari? Sabinus libris ad Vitellium ita scripsit: quod in usu frequentissime versatur, ut in legatis uxoris adiciatur 'quod eius causa parata sint', hanc interpretationem optinuit, quod magis uxoris causa quam communis promiscuique usus causa paratum foret. neque interesse visum est, ante ductam uxorem id pater familias paravisset an postea, an etiam ex his rebus quibus ipse uti soleret uxori aliquid adsignavisset, dum id mulieris usibus proprie adtributum esset.

D. 32, 46 *Paulus libro secundo ad Vitellium*

Ea tamen adiectio legatum alias exiguius, alias plenius efficit. augetur, cum sic scriptum est: 'quaeque eius causa parata sunt': id enim significat et si quid praeter ea quae dicta sunt eius causa paratum est: minuitur detracta coniunctione, quia ex omnibus supra comprehensis ea sola definiuntur, quae eius causa parata sunt.

D. 32，45 乌尔比安，《萨宾评注》第 22 卷

"为妻子【使用】而获得的物"这一遗赠是一般性的，包含衣物、金银制品、首饰，以及其他为了妻子【使用】而获得的物品。但是，哪些物品被认为是为了妻子而获得的？在《韦德里评注》一书中，萨宾如此写道："就是那些使用非常频繁的东西。"因此，在遗赠中添加的"为妻子【使用】而获得的物"这一条款应该被解释为那些为妻子【使用】的，而不是那些【所有人】共同混杂使用的。物是家父在娶妻之前还是之后购买、亦或丈夫把自己经常使用的物分配给妻子，这些并不重要，只要是为妻子使用而将物恰当分配给妻子即可。

D. 32，46 保罗，《韦德里评注》第 2 卷

不过，【"为妻子使用而获得的物"】这一附加条款有时候会减少遗赠，有时候会增加。如果这么写："以及那些为她【使用】而购置的东西"，这会增加遗赠，"以及"意味着除了已经提到的物品之外，某些为她【使用】而购置的物；如果没有"以及"这个连词，遗赠会减少，即在那些被提及列举的东西里面，只有那些为她而获得的东西才被遗赠。

D. 32, 47pr. *Ulpianus libro vicesimo secundo ad Sabinum*

Si quid earum rerum ante comparavit quam uxorem duxit, si id ei ut uteretur tradidit, perinde est, quasi postea paravisset. ex eo autem legato ea pertinent ad uxorem, quae eius causa empta comparata quaeque retenta sunt: in quibus etiam quae prioris uxoris quaeque filiae neptis vel nurus fuerunt continentur.

D. 32, 47, 1

Inter emptum et paratum quid interest, quaeritur: et responsum est in empto paratum inesse, in parato non continuo emptum contineri: veluti si quis quae prioris uxoris causa emisset, posteriori uxori tradidisset, eas res eum posterioris uxoris causa paravisse, non emisse constat. ideoque quamvis maritus posterioris uxoris causa nihil emerit, tamen tradendo quae prior habuerit eius causa parata sunt, etsi ei adsignata non sunt, legato cedunt: at quae prioris uxoris causa parata sunt, ita posteriori debentur, si ei adsignata sint, quia non est ita de posteriore uxore cogitatum, cum compararentur.

D. 32, 48 *Paulus libro quarto ad Sabinum*

Nam ne id quidem quod traditum est, si postea ademptum sit, legato cedet.

D. 32, 47pr. 乌尔比安，《萨宾评注》第 22 卷

如果【丈夫】在娶妻之前就购买了某些东西，然后为了让其妻子使用而将这些物品交给妻子，那么就好像是【婚姻缔结】之后他【为妻子使用而】获得的一样。现在，基于妻子能够得到为她购买、获得、保存的物这个遗赠，其中也包括那些曾经是前妻、女儿、孙子女及儿媳的东西。

D. 32, 47, 1

这里提出的问题是，购买和获得之间有什么区别，回答是获得包含在【为妻子使用而】购买之中，而购买当然不包括在获得之内，举例来说，如果某人把他为了前妻而购买的东西给第二任妻子，很明显的是他为第二任妻子使用而获得这个物，但是他并没有【为她】购买这个物。因此，即使丈夫没有给第二任妻子购买任何东西，但是，如果把第一任妻子用过的东西分配给她，那么这些东西就是为第二任妻子获得的；如果这些东西没有被分配给第二任妻子，也会包含在遗赠中。不过，那些为了第一任妻子而获得的东西，只有经过分配才能让第二任获得，因为在购买的时候并没有想到第二任妻子。

D. 32, 48 保罗，《萨宾评注》第 4 卷

事实上，如果已经被分配的东西后来被剥夺了，那么不包含在遗赠中。

D. 32, 49pr. *Ulpianus libro vicesimo secundo ad Sabinum*

Item legato continentur mancipia, puta lecticarii, qui solam matrem familias portabant. item iumenta vel lectica vel sella vel burdones. item mancipia alia, puellae fortassis, quas sibi comatas mulieres exornant.

D. 32, 49, 1

Sed et si forte virilia ei quaedam donaverit, quodammodo eius causa parata videbuntur.

D. 32. 49. 2

Proinde et si quaedam promiscui usus sint, solitus tamen fuerit ab ea quasi usum mutuari, dicendum erit ipsius causa videri parata.

D. 32, 49, 3

Item interest, ipsius causa parata sint ei legata an ipsius causa empta: paratis enim omnia continentur, quae ipsius usibus fuerunt destinata, empta vero ea sola, quae propter eam empta fecit maritus. unde non continebuntur emptis solis legatis, quae alia ratione pater familias adquisita ei destinavit: utroque autem legato continebuntur et quae maritus emi mandaverat vel quae emerat, necdum autem ei adsignaverat, adsignaturus si vixisset.

D. 32, 49pr. 乌尔比安,《萨宾评注》第 22 卷

同样的,在遗赠中包含奴隶,例如只供家母使用的抬肩舆的人。同样【还包含】拉车的牲畜、肩舆、椅子和其他负重动物。以及其他奴隶,例如给妇女梳妆打扮的女奴。

D. 32, 49, 1

【丈夫】可能赠与妇女一些男士专用的物品,可被认为是为妇女获得。

D. 32, 49, 2

虽然物品是【两个人】混合使用的,但是【丈夫】通常是从妇女那里借用,也可以认为物品是为妇女获得的。

D. 32, 49, 3

同样的,以下两种遗赠方式存在区别,即为妇女获得的物和为妇女而购买的物。事实上,为妇女获得的物包含所有供她使用的物,而购买的物只包含丈夫明确"为了她而购买的物"。因此,在遗赠购买的物时,不包含丈夫为了其他目的购买,然后分配给妻子的物。两种类型的遗赠都包含丈夫委托他人购买的物,或者已经购买、尚未分配使用,但是如果看到就会分配给妻子的物。

D. 32, 49, 4

Parvi autem refert uxori an concubinae quis leget, quae eius causa empta parata sunt: sane enim nisi dignitate nihil interest.

D. 32, 49, 5

Si uxori aurum, quod eius causa paratum est, legatum sit et postea sit conflatum, materia tamen maneat, ea ei debetur.

D. 32, 49, 6

Sed ut legatum valeat, mortis tempore uxorem esse debere Proculus scripsit et verum est: separatio enim dissolvit legatum.

D. 32, 49, 7

Hoc legatum et filio et filiae relinqui potest: 'quae eius gratia parata sunt', et servo servaeque: et continebuntur quae ipsi sunt adtributa vel destinata.

D. 32, 49, 4

不太重要的是 个人是对妻子还是对姘妇遗赠为她购买或者获得的物。事实上，除了不同的尊严地位，这里没有任何区别。

D. 32, 49, 5

如果遗赠给妻子某些为她而获得的金制品，后来【金制品】被熔化，但是材料仍然存在，那么这个材料属于妻子。

D. 32, 49, 6

另外，普罗库鲁斯写道，要让遗赠有效，需要【妇女】一直到【立遗嘱人】死亡时都是他的妻子，这是正确的，因为离婚会消灭遗赠。

D. 32, 49, 7

这些遗赠也可以给儿子或者女儿，即："为你使用而获得的物。"也可以给奴隶，包含那些分配给他们的物。

D. 32, 50pr. *Ulpianus libro vicesimo tertio ad Sabinum*

Cum filio familias ita legatur: 'cum is in tutelam suam pervenerit', pubertatis tempus significatur. et sane si impuberi filio familias legatum sit, plerumque sentiendum est, quod Sabinus ait, ut non et pater familias fiat, sed ut pubes. ceterum si mater, quae suspectam habuit mariti a quo divorterat vitam, filio suo quamvis impuberi leget, non videtur sensisse de eo tempore, quo pubes est, sed eo, quo et pubes et pater familias est (nam et si pubes fuit, multo magis dicemus de patre familias eam sensisse), ac si dixisset 'in suam tutelam et in suam potestatem'.

D. 32, 50, 1

Quod si quis patri familias impuberi leget, cum suae tutelae sit, de pubertate sensit, interdum et de viginti quinque annis, si mens testantis appareat. nam si iam puberi, minori tamen viginti quinque annis legavit, procul dubio anni viginti quinque erunt praestituti.

D. 32, 50, 2

Item si furioso vel prodigo vel ei, cui praetor ex causa curatorem dedit, ita sit legatum, puto et de eo sensum casu, quo curae et tutelae liberetur.

D. 32, 50pr. 乌尔比安，《萨宾评注》第 23 卷

如果对处在家父权下的家子作出遗赠，写道："当他达到能够监护自己的时候"，这是指成年的时刻。确实，如果对一个在家父权之下的未成年家子作出遗赠，应该采纳萨宾的观点，不需要等他成为家父，而是成年即可。另外，如果母亲在考虑到已经离婚的丈夫的令人疑虑的生活后，遗赠财产给自己未成年的儿子，那么她意图的应该不是成年的时候，而是成年且成为家父的时候（当然，如果【已经】成年，我们更可以说她想要指的是成为家父的时刻），如同她说的是："能够监护自己以及成为自权人。"

D. 32, 50, 1

如果给一个未成年的家父做遗赠，在其达到能够监护自己的时候，那么指的是成年，有时候依据立遗嘱人的意愿判断，可能是 25 岁。如果遗赠给一个已经成年但尚不满 25 岁的人，那么指的肯定是 25 岁。

D. 32, 50, 2

类似的，如果以这种条款遗赠给一个精神不正常的人、禁治产人或者裁判官依据某种理由指定了保佐人的人，我认为这里立遗嘱人指的时刻是他们摆脱保佐或者监护的时刻。

D. 32, 50, 3

Ex his et huiusmodi apparet voluntatis quaestionem Sabinum interpretatum: et utique non dubitaret, si puberi et multo magis maiori viginti quinque annis ita sit legatum, de sua potestate testatorem sensisse.

D. 32, 50, 4

Sic autem haec scriptura varia est et voluntatis habet quaestionem, ut illa quoque, si quis ita scripserit 'cum sui iuris fuerit factus', nam aliter alias accipiatur: et plerumque potestatis liberationem continet, plerumque pubertatem vel vicesimum quintum annum.

D. 32, 50, 5

Ego quidem et si quis iam puberi, minori tamen viginti quinque annis sic legaverit 'cum ad pubertatem pervenerit', puto de aetate eum sensisse, quae caret in integrum restitutione.

D. 32, 50, 6

Idem et si quis 'cum suae aetatis fuerit factus', utrum de pubertate an de viginti quinque annis sensum sit, disputari de voluntate potest, non minus quam si ita adscripserit 'cum iustae aetatis sit factus' vel 'cum maturae aetatis' vel 'cum adoleverit'.

D. 32, 50, 3

这些以及其他类似【情况】让萨宾提出立遗嘱人意愿究竟为何的问题。可以确定的是如果遗赠的对象已经成年，特别是已经超过 25 岁时，那么毋庸置疑，立遗嘱人指的是成为自权人的时刻。

D. 32, 50, 4

因此，这些表达的含义是多样的，这就有立遗嘱人意愿究竟为何的问题。如果一个人如此写道："在成为自权人的时刻"，这种条款的解释有时候是一种方式，有时候是另一种方式，通常指的是摆脱家父权的时刻，有时候是成年或者 25 岁。

D. 32, 50, 5

就我的观点，我认为如果某人给一个已经成年、但是还不到 25 岁的人这样遗赠："当你达到成年的时候"，他想要指的是不再能主张恢复原状的那个年龄。

D. 32, 50, 6

同样的，如果这样遗赠："在他达到他的年龄的时候"，可以讨论立遗嘱人究竟意指何时，是成年还是 25 岁。如果条款是"达到正确的年龄""达到成年的年龄""已经完成发育"，也会面临同样的问题。

D. 32, 51 *Paulus libro quarto ad Sabinum*

Si filiae familias ita legatum sit 'cum in tutelam suam pervenerit', tunc debebitur, cum viripotens facta fuerit.

D. 32, 52pr. *Ulpianus libro vicesimo quarto ad Sabinum*

Librorum appellatione continentur omnia volumina, sive in charta sive in membrana sint sive in quavis alia materia: sed et si in philyra aut in tilia (ut nonnulli conficiunt) aut in quo alio corio, idem erit dicendum. quod si in codicibus sint membraneis vel chartaceis vel etiam eboreis vel alterius materiae vel in ceratis codicillis, an debeantur, videamus. et Gaius Cassius scribit deberi et membranas libris legatis: consequenter igitur cetera quoque debebuntur, si non adversetur voluntas testatoris.

D. 32, 52, 1

Si cui centum libri sint legati, centum volumina ei dabimus, non centum, quae quis ingenio suo metitus est, qui ad libri scripturam sufficerent: ut puta cum haberet Homerum totum in uno volumine, non quadraginta octo libros computamus, sed unum Homeri volumen pro libro accipiendum est.

D. 32, 52, 2

Si Homeri corpus sit legatum et non sit plenum, quantaecumque rhapsodiae inveniantur, debentur.

LIBER TRIGESIMUS SE CUNDUS
DE LEGATIS ET FIDEICOMMISSIS

D. 32, 51 保罗,《萨宾评注》第 4 卷

如果给一个在家父权之下的家女如此遗赠:"在能够监护自己的时候",【遗赠的】时点应该是她达到可以婚嫁的年龄。

D. 32, 52pr. 乌尔比安,《萨宾评注》第 24 卷

"书"的定义,包含所有被卷起的卷册,无论材质是纸莎草,还是羊皮纸,或者其他材料,即便材料是树皮或者是其他皮质。我们现在来看,【在遗赠书的时候】指的是什么,是否包含纸莎草或者羊皮纸的手抄本,亦或是象牙、其他材质、或陶土板。盖乌斯·卡西乌斯认为,羊皮纸以及所有其他材质也属于遗赠的书,除非立遗嘱人有相反意愿。

D. 32, 52, 1

如果给一个人遗赠 100 本书,我们应该给他 100 卷,而不是某人依据自己的想法,认为足以构成书的 100 个【部分】。例如,如果【死者】将所有荷马的作品卷为一册,那么我们不认为这是 48 本书,而认为这一卷荷马的作品是一本书。

D. 32, 52, 2

如果遗赠荷马的所有作品,而文本并不完整的话,那么应该给付现有的全部文本。

D. 32, 52, 3

Libris autem legatis bibliothecas non contineri Sabinus scribit: idem et Cassius: ait enim membranas quae scriptae sint contineri, deinde adiecit neque armaria neque scrinia neque cetera, in quibus libri conduntur, deberi.

D. 32, 52, 4

Quod tamen Cassius de membranis puris scripsit, verum est: nam nec chartae purae debentur libris legatis nec chartis legatis libri debebuntur, nisi forte et hic nos urserit voluntas: ut puta si quis forte chartas sic reliquerit ʻchartas meas universasʼ, qui nihil aliud quam libros habebat, studiosus studioso: nemo enim dubitabit libros deberi: nam et in usu plerique libros chartas appellant. quid ergo, si quis chartas legaverit puras? membranae non continebuntur neque ceterae ad scribendum materiae, sed nec coepti scribi libri.

D. 32, 52, 5

Unde non male quaeritur, si libri legati sint, an contineantur nondum perscripti. et non puto contineri, non magis quam vestis appellatione nondum detexta continetur. sed perscripti libri nondum malleati vel ornati continebuntur: proinde et nondum conglutinati vel emendati continebuntur: sed et membranae nondum consutae continebuntur.

D. 32, 52, 3

萨宾写道，书的遗赠不包含书架。卡西乌斯也如此认为。事实上，卡西乌斯确认遗赠包含所有写成的羊皮卷，但是并不包含装书的柜子、盒子或者其他容器。

D. 32, 52, 4

卡西乌斯就没书写的羊皮纸的观点是正确的，事实上，如果书被遗赠，那么没有书写的纸页是不被遗赠的；如果遗赠纸页，那么书并不包含在其中，除非立遗嘱人对此有明确意愿。例如，一位除书以外别无长物的学者遗赠【另一位】学者"所有我的纸张"。没有人会怀疑书应该被遗赠，因为在日常生活中，也有不少人把书称为纸张。如果某人遗赠"没有被书写的纸莎草页"，那么不包含羊皮纸，也不包含其他的书写材料，也不包含开始写作的书。

D. 32, 52, 5

这里可以问的问题是，在遗赠书的时候，是否包括还没有写完的。我认为不包括，如同衣服这一术语并不包含还没有被纺织完成的。不过，那些已经完全写完，但是还没有被捶打或者装饰的书可以算在内，同样包括在内的是还没有被重新装订或者修订的，以及还没有被组合在一起的羊皮纸。

D. 32, 52, 6

Chartis legatis neque papyrum ad chartas paratum neque chartae nondum perfectae continebuntur.

D. 32, 52, 7

Sed si bibliothecam legaverit, utrum armarium solum vel armaria continebuntur an vero libri quoque contineantur, quaeritur. et eleganter Nerva ait interesse id quod testator senserit: nam et locum significari bibliothecam eo: alias armarium, sicuti dicimus 'eboream biblio-thecam emit': alias libros, sicuti dicimus 'bibliothecam emisse'.

D. 32, 52, 7a

Quod igitur scribit Sabinus libros bibliothecam non sequi, non per omnia verum est: nam interdum armaria quoque debentur, quae plerique bibliothecas appellant. plane si mihi proponas adhaerentia esse membro armaria vel adfixa, sine dubio non debebuntur, cum aedificii portio sint.

D. 32, 52, 8

Quod in bibliotheca tractavimus, idem Pomponius libro sexto ex Sabino in dactyliotheca legata tractat: et ait anulos quoque contineri, non solum thecam, quae anulorum causa parata sit: hoc autem ex eo coniectat, quod ita proponitur quis legasse: 'dactyliothecam meam et si quos praeterea anulos habeo' et ita Labeonem quoque existimasse ait.

D. 32, 52, 6

在遗赠纸张时,不包括那些用来做纸莎草纸的材料,也不包括还没有制作完成的。

D. 32, 52, 7

如果【立遗嘱人】遗赠图书馆,这里的问题是,只遗赠柜子还是柜子及书本。睿智的涅尔瓦认为这里重要的是立遗嘱人的意愿,因为图书馆可以指地点,如同人们说"我去图书馆";有时候指柜子,如同有时候我们说"我买了一个象牙图书馆";有时候指书,例如我们说"我买了一个希腊文图书馆"。

D. 32, 52, 7a

因此,萨宾的观点,即柜子并不是书的附属物,并非在所有情况中都是正确的。事实上,有时候也需要给付柜子,很多人也称其为图书馆。很明显,如果你对我提到柜子已经和房屋结合,或者与墙壁连为一体【的情况】,则无疑不应给付,因为其已经是建筑物的一部分。

D. 32, 52, 8

我们对图书馆的观察,彭波尼在《萨宾评注》第6卷就珠宝盒的遗赠讨论过,他认为戒指也应该是其中的一部分,这不仅是因为盒子本身就是为了容纳戒指,他是基于立遗嘱人的写法得出这个观点的:"我的首饰盒,以及如果我还有其他的戒指。"他还确认拉贝奥也是这么解释的。

D. 32, 52, 9

Sunt tamen quaedam, quae omnimodo legatum sequuntur: ut lectum legatum contineat et fulctra et armariis et loculis claustra et claves cedunt.

D. 32, 53pr. *Paulus libro quarto ad Sabinum*

Argento legato constat arculas ad legatarium non pertinere.

D. 32, 53, 1

Item anulis legatis dactyliothecae non cedunt.

D. 32, 54 *Pomponius libro septimo ad Sabinum*

Si pure tibi legavero, deinde postea scripsero ita: 'hoc amplius si navis ex Asia venerit, heres meus ei fundum dato', verius est eo verbo 'amplius' superiora repeti, sicuti dicimus 'Lucius Titius plebi quina milia dedit, hoc amplius Seius viscerationem', quina quoque milia Seium dedisse intellegimus et 'Titius accepit quinque, Seius hoc amplius fundum', Seium qui-nque quoque accepisse intellegimus.

D. 32, 52, 9

不过，有一些物是附属于被遗赠的物品的，比如床的遗赠应该包含床的支撑物，而插销和钥匙应该是柜子和箱子的附属物。

D. 32, 53pr. 保罗，《萨宾评注》第 4 卷

在银子的遗赠中，可以确定的是装银子的盒子不属于受遗赠人。

D. 32, 53, 1

同样的，装戒指的盒子不属于被遗赠的戒指的附属物。

D. 32, 54 彭波尼，《萨宾评注》第 7 卷

如果我一开始为你设立了一个简单纯粹的遗赠，之后我如此写道："除此之外，如果船舶会从亚洲抵达，我的继承人给他土地。"这里的"除此之外"表明确认了之前的意愿，如同我们说"卢修斯·蒂齐奥给人民 5000［银币］，塞尤斯除此之外还会发放肉类"。这里的意思是塞尤斯也应该给 5000［银币］；或者是，【当我们说】"蒂齐奥收到 5［银币］，塞尤斯除此之外还有一块土地"，这里我们的意思是塞尤斯也收到了 5［银币］。

D. 32, 55pr. *Ulpianus libro vicesimo quinto ad Sabinum*

Ligni appellatio nomen generale est, sed sic separatur, ut sit aliquid materia, aliquid lignum. materia est, quae ad aedificandum fulciendum necessaria est, lignum, quidquid conburendi causa paratum est. sed utrum ita demum, si concisum sit an et si non sit? et Quintus Mucius libro secundo refert, si cui ligna legata essent, quae in fundo erant, arbores quidem materiae causa succisas non deberi: nec adiecit, si non comburendi gratia succisae sunt, ad eum pertinere, sed sic intellegi consequens est.

D. 32, 55, 1

Ofilius quoque libro quinto iuris partiti ita scripsit, cui ligna legata sunt, ad eum omnia ligna pertinere, quae alio nomine non appellantur, veluti virgae carbones nuclei olivarum, quibus ad nullam aliam rem nisi ad comburendum possit uti: sed et balani vel si qui alii nuclei.

D. 32, 55, 2

Idem libro secundo negat arbores nondum concisas, nisi quae minutatim conciduntur, videri ei legatas, cui ligna legata sunt. ego autem arbitror hoc quoque ligni appellatione contineri, quod nondum minutatim fuit concisum, si iam concidendo fuit destinatum. proinde si silvam huic rei habebat destinatam, silva quidem non cedet, deiectae autem arbores lignorum appellatione continebuntur, nisi aliud testator sensit.

LIBER TRIGESIMUS SE CUNDUS DE LEGATIS ET FIDEICOMMISSIS

D. 32, 55pr. 乌尔比安,《萨宾评注》第 25 卷

"木头"是一个一般性的词语,但是人们区分建筑材料和柴火。建筑材料即那些对建筑物的构建或者支撑是必要的木头,柴火则是用来烧的。但是,是否需要木头已经被砍伐?昆图斯·穆齐在【《论市民法》】第 2 卷里写道,如果对某人遗赠在一块土地上的柴火,已经被砍伐以用于做建筑材料的树木并不被遗赠。他并没有说被砍伐用来做柴火的树木是否属于受遗赠人,不过【从他的后来行文看】,他持肯定观点。

D. 32, 55, 1

奥菲留斯在《法的划分》第 5 卷中也写道,对于获赠柴火遗赠的人来说,他能得到所有的没有其他名称的柴火,包括树枝、木炭、橄榄核等,因为其用途只能用来烧火。同样的情况也适用于橡子或者其他果核。

D. 32, 55, 2

昆图斯·穆齐在【《论市民法》】第 2 卷中,否认那些获得柴火遗赠的人可以得到还没有被砍伐的树木,除非已经被劈成小块。我则认为,柴火这词也包含还没有被劈成小块、但注定要被劈成小块的。因此,如果立遗嘱人有一块用于此种目的的树林,树林不构成遗赠的一部分。不过,已经倒下的树木被包含在柴火的概念中,只要立遗嘱人没有相反的意思。

D. 32, 55, 3

Lignis autem legatis quod comburendi causa paratum est continetur, sive ad balnei calefactionem sive diaetarum hypocaus-tarum sive ad calcem vel ad aliam rem coquendam solebat uti.

D. 32, 55, 4

Ofilius libro quinto iuris partiti scripsit nec sarmenta ligni appellatione contineri: sed si voluntas non refragatur, et virgulae et gremia et sarmenta et superamenta materiarum et vitium stirpes atque radices continebuntur.

D. 32, 55, 5

Lignorum appellatione in quibusdam regionibus, ut in Aegypto, ubi harundine pro ligno utuntur, et harundines et papyrum comburitur et herbulae quaedam vel spinae vel vepres continebuntur. quid mirum? cum ξύλον hoc et naves ξυληγὰς appellant, quae haec ἀπὸ τῶν ἑλῶν deducunt.

D. 32, 55, 6

In quibusdam provinciis et editu bubum ad hanc rem utuntur.

D. 32, 55, 3

在柴火的遗赠中，包括那些已经预定用于燃烧的，不管是立遗嘱人通常用来加热浴室的，还是用来加热房间地暖，还是用于加热石灰或者其他东西。

D. 32, 55, 4

奥菲留斯在《法的划分》第 5 卷中写道，在柴火中不包含树枝；相反，如果没有【立遗嘱人的】相反意愿，柴火包含树枝、树干、嫩芽以及建筑材料的剩余部分，还有葡萄的枝蔓和根。

D. 32, 55, 5

在某些地区，例如埃及，人们使用芦竹来替代木材，并燃烧芦竹和纸莎草，这时候，柴火一词中也包含某些种类的草和荆棘。这有什么好惊奇的呢？希腊语中，有词为 xylon（即木头），而 xylegàs（即用于运送木头）被定义为从沼泽地中运送 xylon 的船。

D. 32, 55, 6

在某些地区，人们使用牛粪来达到这个目的。

D. 32, 55, 7

Si lignum sit paratum ad carbones coquendas atque conficiendas, ait Ofilius libro quinto iuris partiti carbonum appellatione huiusmodi materiam non contineri: sed an lignorum? et fortassis quis dicet nec lignorum: non enim lignorum gratia haec testator habuit. sed et titiones et alia ligna cocta ne fumum faciant utrum ligno an carboni an suo generi adnumerabimus? et magis est, ut proprium genus habeatur.

D. 32, 55, 8

Sulpurata quoque de ligno aeque eandem habebunt definitionem.

D. 32, 55, 9

Ad faces quoque parata non erunt lignorum appellatione comprehensa, nisi haec fuit voluntas.

D. 32, 55, 10

De pinu autem integri strobili ligni appellatione continebuntur.

D. 32, 56 *Paulus libro quarto ad Sabinum*

Pali et perticae in numero materiae redigendi sunt, et ideo lignorum appellatione non continentur.

D. 32, 55, 7

奥菲留斯在《法的划分》第 5 卷中写道，如果柴火是要用来烧制木炭，那么这种材料并不进入炭的含义中；但是否属于柴火？某些人可能会认为也不属于柴火：事实上，立遗嘱人也不认为是柴火。但是，火把和其他已经炭化的、不产生烟雾的柴火应被认为是柴火、木炭还是另成一类？更好的观点是认为其自成一类。

D. 32, 55, 8

硫化处理的木头也应被认为自成一类。

D. 32, 55, 9

用于做火炬的木头也不包含在柴火的范围内，除非立遗嘱人意图如此。

D. 32, 55, 10

完整的松果包含在柴火的范围内。

D. 32, 56 保罗，《萨宾评注》第 4 卷

柱子和杆子应该被认为是建筑材料，因此不包含在柴火的范围内。

D. 32, 57 *Pomponius libro trigesimo ad Sabinum*

Servius respondit, cui omnis materia legata sit, ei nec arcam nec armarium legatum esse.

D. 32, 58 *Ulpianus libro quarto disputationum*

Cum uxori suae quis ea, quae eius causa parata sunt, legasset, dehinc vivus purpuras comparasset in provincia necdum tamen advexisset, rescriptum est ad mulierem purpuras pertinere.

D. 32, 59 *Iulianus libro trigesimo quarto digestorum*

Qui chirographum legat, non tantum de tabulis cogitat, sed etiam de actionibus, quarum probatio tabulis continetur: appellatione enim chirographi uti nos pro ipsis actionibus palam est, cum venditis chirographis intellegimus nomen venisse. quin etiam si nomen quis legaverit, id quod in actionibus est legatum intellegitur.

D. 32, 60pr. *Alfenus libro secundo digestorum a Paulo epitomatorum*

Cum quaereretur, agni legati quatenus viderentur, quidam aiebant agnum dumtaxat sex mensum esse: sed verius est eos legatos esse, qui minores anniculis essent.

D. 32, 57 《萨宾评注》第 30 卷

塞尔维尤斯回答说，如果某人被遗赠所有的建筑材料，那么柜子和箱子并不在遗赠范围里。

D. 32, 58 乌尔比安，《论断集》第 4 卷

某人遗赠给他的妻子那些为她而获得的物品，后来，在生存期间，他在行省买了一些红色的布，但是并没有给妻子。一份批复确定这些红色布匹属于妻子。

D. 32, 59 尤里安，《学说汇纂》第 34 卷

如果某人遗赠亲笔字据，他想要遗赠的并不只是书面文件，而是文件所证明的诉权。事实上，很清楚的是，亲笔字据对我们而言指的就是诉权，因为在出售亲笔字据的时候，我们其实是想出售债权。甚至可以说，如果某人遗赠债权，其实他想要遗赠的是诉权的标的。

D. 32, 60pr. 阿尔芬奴斯，《学说汇纂》第 2 卷

这里提出的问题是，在遗赠小羊羔的时候，多大年龄的可以被认为是羊羔？有些法学家认为不超过六个月，但更可能的观点是不超过一年。

D. 32, 60, 1

Servis et ancillis urbanis legatis agasonem mulionem legato non contineri respondi: eos enim solos in eo numero haberi, quos pater familias circum se ipse sui cultus causa haberet.

D. 32, 60, 2

Lana lino purpura uxori legatis, quae eius causa parata essent, cum multam lanam et omnis generis reliquisset, quaer-ebatur, an omnis deberetur. respondit, si nihil ex ea destinasset ad usum uxoris, sed omnis commixta esset, non dissimilem esse deliberationem, cum penus legata esset et multas res quae penus essent reliquisset, ex quibus pater familias vendere solitus esset. nam si vina diffudisset habiturus usioni ipse et heres eius, tamen omne in penu existimari. sed cum probaretur eum qui testamentum fecisset partem penus vendere solitum esse, constitutum esse, ut ex eo, quod ad annum opus esset, heredes legatario darent. sic mihi placet et in lana fieri, ut ex ea quod ad usum annuum mulieri satis esset, ea sumeret: non enim deducto eo, quod ad viri usum opus esset, reliquum uxori legatum esse, sed quod uxoris causa paratum esset.

D. 32, 60, 1

当城市男奴隶和女奴隶被遗赠的时候，这里的回答是马夫和赶骡人不包含在其中。事实上，属于这种被遗赠类别的只是那些常伴家父周围、家父用于服务自己的奴隶。

D. 32, 60, 2

一些羊毛、亚麻和红色布匹被遗赠给妻子，这些东西是为妻子获得的，由于【立遗嘱人】留下了很大数量的各种各样的羊毛，这里的问题是妻子是否能够获得所有。【法学家的】回答是，如果这些羊毛并不是为了让妻子使用，而是混杂在一起，那么这里的回答就和丈夫遗赠了食物，并留下了很大数量的他通常用于出售的食物一样。如果他为了自己或者继承人享用而将部分葡萄酒分离，那么这些葡萄酒构成【被遗赠的】食物的一部分。但是，如果证明立遗嘱人通常将部分食物用来出售，那么继承人应该给遗赠受益人一年的分量。我认为对于羊毛也应该如此，妻子可以获得够她一年使用的量。事实上，那些留下的本用于丈夫使用的物并没有被遗赠给妻子，被遗赠的只是为了妻子而获得的物。

D. 32, 60, 3

Praediis legatis et quae eorum praediorum colendorum causa empta parataque essent, neque topiarium neque saltuarium leg-atum videri ait: topiarium enim ornandi, saltuarium autem tuendi et custodiendi fundi magis quam colendi paratum esse: asinum machinarium legatum videri: item oves, quae stercorandi fundi causa pararentur: item opilionem, si eius generis oves curaret.

D. 32, 61 *Alfenus libro octavo digestorum a Paulo epitomatorum*

Textoribus omnibus, qui sui essent cum moreretur, legatis quaesitum est, an et is, quem postea ex his ostiarium fecisset, legato contineretur. respondit contineri: non enim ad aliud artificium, sed ad alium usum transductum esse.

D. 32, 62 *Iulianus libro singulari de ambiguitatibus*

Qui duos mulos habebat ita legavit: 'mulos duos, qui mei erunt cum moriar, heres dato': idem nullos mulos, sed duas mulas reliquerat. respondit Servius deberi legatum, quia mulorum appellatione etiam mulae continentur, quemadmodum appellatione servorum etiam servae plerumque continentur. id autem eo veniet, quod semper sexus masculinus etiam femininum sexum continet.

D. 32, 60, 3

在土地的遗赠中,【法学家】确定那些为耕种土地而购买和获得的物也被遗赠,不过装饰花园的奴隶园丁和看管森林的奴隶不在其中。事实上,园丁是装饰园林的,而森林看管员则是保护和监管土地的,他们都不是耕种土地的。但是,用来推磨的驴子,以及其粪便用来给土地施肥的羊则包括在内,同样包括在内的是照看这些羊的牧羊人。

D. 32, 61 阿尔芬奴斯,《学说汇纂》第 8 卷

所有死者死亡时候拥有的纺织工奴隶被遗赠,这里的问题是,在遗赠中是否包含那些死者后来用作看门人的奴隶。【法学家的】回答是包含,因为他们没有转换为另外的职业,只是用作不同的用途。

D. 32, 62 尤里安,《论双关的表达》

一个拥有两头骡子的人这样遗赠:"继承人给【受益人】我死亡时候拥有的两头公骡子。"立遗嘱人死亡的时候没有留下公骡子,只有两头母骡子。塞尔维尤斯·苏尔毕丘斯·路福斯的回答是,遗赠仍然应该给付,因为在(公)骡子的概念中也包含母骡子,如同在(男)奴隶的概念中包含女奴隶。因为,在阳性名词的种类中总是包含阴性种类。

D. 32, 63 Iulianus libro primo ad Urseium Ferocem

In repetendis legatis haec verba quae adici solent 'item dare damnas esto' et ad condiciones et ad dies legatorum easdem repetendas referri Sabinus respondit.

D. 32, 64 Africanus libro sexto quaestionum

Qui filium et nepotem heredem instituerat, certa praedia quaeque in his mortis tempore sua essent nepoti per fidei-commissum dederat excepto kalendario: mortis tempore in ea arca, in qua instrumenta et cautiones debitorum erant, pecunia numerata inventa est. plerisque videbatur vix verosimile esse, ut testator de pecunia numerata sensisset. ego autem illud dignum animadver-sione existimabam, cum quis kalendarium praestari alicui volu-erit, utrumne nomina dumtaxat debitorum praestari voluisse intellegendus est an vero etiam pecuniam, si qua ab his exacta, eidem tamen kalendario destinata fuerit. et magis puto, quemadmodum, si exactae pecuniae et rursus collocatae essent, permu-tatio nominum non peremeret vel minueret fideicommissum, ita ipsae quoque pecuniae, si adhuc kalendario, id est nominibus faciendis destinatae essent, eidem fideicommisso cedere debe-ant. quin etiam illud quoque putem defendi posse, ut non modo a debitoribus exactae pecuniae, sed quacumque de causa redactae, eidem tamen rationi fuerint destinatae fideicommisso cedant.

D. 32，63 尤里安，《乌尔塞评注》第 1 卷

萨宾回答说，在重复遗赠的时候，人们通常加入这样的词语："同样的，继承人有义务给付。"这里的重复也指向【之前】遗赠的条件和期限。

D. 32，64 阿富里坎，《问题集》第 6 卷

某人指定自己的儿子和孙子为继承人，并且通过遗产信托给孙子一些土地和那些在他死亡的时候在土地上的东西，除了债权债务的账簿。在立遗嘱人死亡的时候，柜子里除了文件和债务人的支付允诺外，还有一些现金。多数【法学家】认为立遗嘱人的遗赠不太可能包含这些现金。我则认为应该明确，在一个人希望给某人账簿的时候，是仅给付债务人应该给付的债权，还是也包括已经从债务人处得到的金钱——这些金钱【之后会被再次贷出】并被记录在账簿中。我认为比较合适的方案是，在收回金钱并且再次出借后，债权的改变并没有消灭或者减少遗产信托，因此那些被收回的金钱如果要【再次被出借】并计入账簿，也就是产生新的债权，仍然属于遗产信托。我甚至还认为，除了从债务人处回收的金钱，那些由于其他原因而收到的任何人的金钱都可以包含在遗产信托内，只要这些金钱会以同样的方式被使用。

D. 32, 65pr. *Marcianus libro septimo institutionum*

Legatis servis exceptis negotiatoribus Labeo scripsit eos legato exceptos videri, qui praepositi essent negotii exercendi causa, veluti qui ad emendum locandum conducendum praepositi essent: cubicularios autem vel obsonatores vel eos, qui piscatoribus praepositi sunt, non videri negotiationis appellatione contineri: et puto veram esse Labeonis sententiam.

D. 32, 65, 1

Si ex officio quis ad artificium transierit, quidam recte putant legatum exstingui, quia officium artificio mutatur: non idem e contrario cum lecticarius cocus postea factus est.

D. 32, 65, 2

Si unus servus plura artificia sciat et alii coci legati fuerunt, alii textores, alii lecticarii, ei cedere servum dicendum est, cui legati sunt in quo artificio plerumque versabatur.

D. 32, 65, 3

Ornatricibus legatis Celsus scripsit eas, quae duos tantum menses apud magistrum fuerunt, legato non cedere, alii et has cedere, ne necesse sit nullam cedere, cum omnes adhuc discere possint et omne artificium incrementum recipit: quod magis optinere debet, quia humanae naturae congruum est.

D. 32, 65pr. 马尔西安,《法学阶梯》第 7 卷

在除了经营商业的奴隶以外的其他奴隶被遗赠的场合,拉贝奥认为,被排除在遗赠范围之外的是那些被委任经营企业的奴隶,也就是那些任务是购买、出租、承租财产的奴隶,而家中仆人、照顾生活的随员、渔民等并不被认为包含在经营商业的范围内。我认为拉贝奥的看法是正确的。

D. 32, 65, 1

如果【一个奴隶】从提供侍转而从事某项工作,某些【法学家】正确地认识到遗赠消灭,因为服务已经转变为工作。但是,如果轿夫后来变成了厨师,这是不同的情况,不适用上面的规则。

D. 32, 65, 2

如果同一个奴隶通晓多门工作,若某人被遗赠一些厨师,另一人被遗赠一些纺织工,第三个人被遗赠一些轿夫,那么这个奴隶平时主要从事何种工作,就依据这一职业而被遗赠给相应的受遗赠人。

D. 32, 65, 3

如果理发师女奴隶被遗赠,杰尔苏认为遗赠中不包括学习这一工作仅仅两个月的奴隶。其他【法学家】认为这些奴隶也属于被遗赠的范围,以防止没有奴隶在遗赠的范围中,因为所有人都可以学习,每个工作也都可以渐臻佳境。这是更值得赞同的观点,符合人类本性。

D. 32, 65, 4

Pecoribus legatis Cassius scripsit quadrupedes contineri, quae gregatim pascuntur. et sues autem pecorum appellatione continentur, quia et hi gregatim pascuntur: sic denique et Homerus in Odyssia ait, δήεις τόν γε σύεσσι παρήμενον · αἳ δ ἐνέμονται πὰρ Κόρακος πέτρῃ ἐπί τε κρήνῃ Ἀρεθούσῃ.

D. 32, 65, 5

Iumentis legatis boves non continentur nec contra.

D. 32, 65, 6

Equis autem legatis et equae continentur.

D. 32, 65, 7

Ovibus legatis agni non continentur: quamdiu autem agnorum loco sunt, ex usu cuiusque loci sumendum est: nam in quibusdam locis ovium numero esse videntur, cum ad tonsuram venerint.

D. 32, 66 *Paulus libro tertio sententiarum*

Avibus legatis anseres phasiani et gallinae et aviaria debebuntur: phasianarii autem et pastores anserum non continentur, nisi id testator expressit.

LIBER TRIGESIMUS SE CUNDUS
DE LEGATIS ET FIDEICOMMISSIS

D. 32, 65, 4

在牲畜的遗赠中，卡修斯写道这包含聚集在一起饲养的四足动物。这样牲畜的含义就也包括猪，因为猪也是聚集在一起饲养的。荷马在《奥德赛》中也是这样说的："你会发现他正看守在猪群近旁，牧放在渡雅石的边沿，贴着阿瑞苏沙泉溪。"

D. 32, 65, 5

在驼兽的遗赠中，不包含公牛，反之亦然。

D. 32, 65, 6

在遗赠马的时候，也包含母马。

D. 32, 65, 7

在遗赠绵羊的时候，不包含羊羔。不过什么时候之前可被称为羊羔取决于每个地方的习惯，事实上，在某些地方，可以剪羊毛的时候就被认为属于绵羊了。

D. 32, 66 保罗，《论点集》第 3 卷

在遗赠禽类的时候，要给付鹅、鸡和它们的笼子，不过饲养鹅和鸡的奴隶不包括在内，除非立遗嘱人另有明确表示。

D. 32, 67 *Marcianus libro septimo institutionum*

Qui saltum aestivum legavit et hoc amplius etiam eas res legaverit, quae ibi esse solent, non videtur de illis pecoribus sensisse, quae hieme in hibernis aut aestate in aestivis esse solent, sed de illis sensit, quae perpetuo ibi sunt.

D. 32, 68pr. *Ulpianus libro primo responsorum*

Iunianio respondit testatorem adiciendo 'praedium Seianum omne' eam quoque partem fundi supra scripti quasi ad se pertinentem videri per fideicommissum reliquisse, quam ex causa pignoris nactus est, salvo scilicet iure debitoris.

D. 32, 68, 1

Ex his verbis: 'curate agros attendere, et ita fiet, ut filius meus filios vestros vobis condonet', fideicommissum peti non posse.

D. 32, 68, 2

Servos communes a Seia ita relictos 'si mei erunt cum moriar' non deberi, si modo hoc sensit testatrix, ut ita deberentur, si in solidum eius fuissent.

LIBER TRIGESIMUS SE CUNDUS
DE LEGATIS ET FIDEICOMMISSIS

D. 32，67 马尔西安，《法学阶梯》第 7 卷

当某人遗赠夏季牧场以及通常处于牧场上的物时，他并不是想要遗赠那些冬季时候在冬季牧场、夏季时候在夏季牧场的牲畜，而是指那些永久在牧场上的物。

D. 32，68pr. 乌尔比安，《解答集》第 1 卷

【乌尔比安】对尤利亚努斯的回答说，如果立遗嘱人添加了"全部赛亚诺土地"的话语，那么应该认为，这块土地中通过质押取得的那部分也作为属于他的土地而进入遗产信托，不过，债务人的权利除外。

D. 32，68，1

不能依据以下言语主张遗产信托："【你们解放自由人】好好照顾我的土地，这样我的儿子会赠给你们【还处在奴隶地位的】你们的孩子。"

D. 32，68，2

如果赛娅通过以下方式遗赠："如果在我死亡的时候是我的"，且立遗嘱人意指的是那时完全属于她的奴隶，那么赛娅和其他人共有的奴隶不应该被给付。

D. 32, 68, 3

Praediis cum his enthecis, quae in ea possessione sunt, relictis mancipia quoque praediorum, cum illic testamenti facti tempore fuerunt, cedent: sed et quae postea accesserunt, si modo hoc testator manifeste expressit.

D. 32, 69pr. *Marcellus libro singulari responsorum*

Non aliter a significatione verborum recedi oportet, quam cum manifestum est aliud sensisse testatorem.

D. 32, 69, 1

Titius codicillis suis ita cavit: ' Publio Maevio omnes iuvenes, quos in ministerio habeo, dari volo ': quaero, a qua aetate iuvenes et in quam intellegi debeant. Marcellus respondit, quos verbis quae proponerentur demonstrare voluerit testator, ad notionem eius, qui de ea re cogniturus esset, pertinere: non enim in causa testamentorum ad definitionem utique descendendum est, cum plerumque abusive loquantur nec propriis nominibus ac vocabulis semper utantur. ceterum existimari posset iuvenis, qui adulescentis excessit aetatem, quoad incipiat inter seniores numerari.

D. 32, 68, 3

如果在遗赠土地的时候,也遗赠了土地上的工具,那么在设立遗嘱时候的土地的奴隶也包括在内。后来进入的奴隶也算,只要立遗嘱人明确表示这种意愿。

D. 32, 69pr. 马尔切勒,《解答集》

如果立遗嘱人没有明显的其他意思,那么不应该偏离词语的通常含义。

D. 32, 69, 1

蒂齐奥在遗嘱附书中如此写道:"我希望把服务我的所有年轻奴隶给普布流斯·梅维奥斯。"这里的问题是,多大的年龄可以被认定为年轻。马尔切勒的回答是,决定权属于那些要调查立遗嘱人通过这些言辞所表达的意志是指哪些奴隶的人所有。事实上,在遗嘱领域,不应该总是讲求精确定义,因为人们常常不当表达,并不总是使用合适的名词和词语。另一方面,那些已经脱离青春期的人也可以被认为是年轻的,只要没有进入老年人的行列。

D. 32, 70pr. *Ulpianus libro vicesimo secundo ad Sabinum*

Si cui lana legetur, id legatum videtur quod tinctum non est, sed αὐτοφυές:

D. 32, 70, 1

Sive autem facta est sive infecta, lanae appellatione continetur.

D. 32, 70, 2

Quaesitum est, utrum lanae appellatione ea sola contineatur quae neta non est an et ea quae neta est, ut puta stamen et subtemen: et Sabinus et netam contineri putat, cuius sententia utimur.

D. 32, 70, 3

Lanae appellationem eatenus extendi placet, quoad ad telam pervenisset.

D. 32, 70, 4

Et sciendum sucidam quoque contineri et lotam, si modo tincta non sit.

D. 32, 70, 5

Lanae appellatione tomentum non continebitur.

D. 32, 70pr. 乌尔比安,《萨宾评注》第 22 卷

如果某人获得羊毛的遗赠,那么被遗赠的不是已经染过色的,而是那些处于原始状态的。

D. 32, 70, 1

已经加工和未经加工的,都属于羊毛的范畴。

D. 32, 70, 2

人们提出的问题是,羊毛的含义是只包括尚未纺纱的,还是也包括那些已经完成纺纱的——如经纱和纬纱,萨宾认为那些已经完成纺纱的也算,我们同意他的观点。

D. 32, 70, 3

可以将羊毛的含义扩张到进入织布机之前。

D. 32, 70, 4

应该认为,羊毛包含那些已经洗涤的和未经洗涤的,只要没有被染色。

D. 32, 70, 5

在羊毛的含义中不包含【用于填充垫子的】绒毛。

D. 32, 70, 6

Sed nec ea lana, ex qua quis quasi vestimentum fecerit valetudinis vel deliciarum gratia, continebitur.

D. 32, 70, 7

Ne ea quidem, quae fomentationis gratia parata sunt vel medicinae, lanarum appellatione continentur.

D. 32, 70, 8

Sed et pelles lanatae contineantur? et hoc lanae cedere manifestum est.

D. 32, 70, 9

Lana legata etiam leporinam lanam et anserinam et caprinam credo contineri et de ligno, quam ἐριόξυλον appellant.

D. 32, 70, 10

Linum autem lana legata utique non continebitur.

D. 32, 70, 11

Lino autem legato tam factum quam infectum continetur quodque netum quodque in tela est, quod est nondum detextum. ergo aliud in lino quam in lana est. et quidem si tinctum linum sit, credo lino continebitur.

D. 32, 70, 6

那些由于健康或者个人喜爱而被用来做毯子的,不在羊毛的范围内。

D. 32, 70, 7

那些用于治疗或医疗的,也不属于羊毛。

D. 32, 70, 8

毛皮是否属于羊毛的范围?这很明显是属于的。

D. 32, 70, 9

在羊毛的遗赠中,我相信也包括兔毛、鹅绒、山羊毛,以及那些来自于木头的被称作植物羊毛的【就是棉花】。

D. 32, 70, 10

亚麻肯定不属于羊毛的遗赠。

D. 32, 70, 11

在亚麻的遗赠中,包括那些已经被加工的,也包括未被加工的,包括那些已经纺纱的,也包括已经进入织布机但尚未完成纺织的。总之,亚麻的遗赠和羊毛的遗赠不同。我相信,即使亚麻已经被染色,也包括【在遗赠中】。

D. 32, 70, 12

Versicoloribus videndum est. et constabat apud veteres lanae appellatione versicoloria non contineri, sed ea omnia videri legata, quae tincta sunt, et neta, quae neque detexta neque contexta sunt. proinde quaeritur, an purpura appellatione versicolorum contineatur. et ego arbitror ea, quae tincta non sunt, versicoloribus non adnumerari et ideo neque album neque naturaliter nigrum contineri nec alterius coloris naturalis: purpuram autem et coccum, quoniam nihil nativi coloris sunt, contineri arbitror, nisi aliud sensit testator.

D. 32, 70, 13

Purpurae autem appellatione omnis generis purpuram contineri puto: sed coccum non continebitur, fucinum et ianthinum continebitur. purpurae appellatione etiam subtemen factum contineri nemo dubitat: lana tinguendae purpurae causa destinata non continebitur.

D. 32, 71 *Ulpianus libro vicesimo ad Sabinum*

Cum suae ancillae sive servi in testamento scribuntur, hi designari videntur, quos pater familias suorum numero habuit.

D. 32, 72 *Paulus libro quarto ad Sabinum*

Eadem in omnibus rebus, quas suas quis legaverit, dicenda sunt.

LIBER TRIGESIMUS SE CUNDUS DE LEGATIS ET FIDEICOMMISSIS

D. 32, 70, 12

应该考虑到彩色羊毛。古代【法学家】认为在羊毛中不包含那些彩色的，但是，如果遗赠彩色羊毛，那么就包括那些已经染色的和纺成纱的，但不包括完成纺织的。这里的问题是，红色是否包含在彩色羊毛里？我相信那些还没有染色的羊毛不包括在彩色羊毛里，因而彩色羊毛不包括白色的、自然黑色或者其他自然颜色。相反，我认为红色和绯红色，由于不是原初的颜色，则包含在彩色羊毛之中，除非立遗嘱人有不同意愿。

D. 32, 70, 13

然后，我认为在红色中，包含所有种类的红色，但是不包含绯红色，不过包含用染料衣和紫罗兰染成的颜色。没人怀疑在红色中也包括已经被加工的纱线，但是不包含准备染成红色的羊毛。

D. 32, 71 乌尔比安，《萨宾评注》第 20 卷

如果在遗嘱中写道："我自己的男奴隶们或者女奴隶们"，应该是那些属于家父自己的奴隶。

D. 32, 72 保罗，《萨宾评注》第 4 卷

这也适用于所有那些遗赠自己的物的情况。

D. 32, 73pr. *Ulpianus libro vicesimo ad Sabinum*

Suos autem servos vel ancillas eos accipimus, qui sunt pleno iure testantis: inter quos fructuarii non continebuntur.

D. 32, 73, 1

Sed qui bona fide testatori serviunt, suorum appellatione magis est ut contineantur, si modo suorum appellatione eos quos suorum numero habuit voluit contineri.

D. 32, 73, 2

Eos vero, quos quis pignori hypothecaeve dedit, sine dubio inter suos legasse videbitur debitor: creditor nequaquam.

D. 32, 73, 3

Proinde si quis servos habuit proprios, sed quorum operas locabat vel pistorias vel histrionicas vel alias similes, an servorum appellatione etiam hos legasse videatur? quod et praesumi oportet, nisi contraria voluntas testatoris appareat.

D. 32, 73, 4

Eum, qui venaliciariam vitam exercebat, puto suorum numero non facile contineri velle eiusmodi mancipia, nisi evidens voluntas fuit etiam de his sentientis: nam quos quis ideo comparavit, ut ilico distraheret, mercis magis loco quam suorum habuisse credendus est.

LIBER TRIGESIMUS SE CUNDUS
DE LEGATIS ET FIDEICOMMISSIS

D. 32, 73pr. 乌尔比安,《萨宾评注》第 20 卷

完全属于立遗嘱人的男奴隶或者女奴隶们,可以被认为是他自己的奴隶。通过用益而占有的奴隶则不包括在内。

D. 32, 73, 1

那些善意相信自己是立遗嘱人奴隶的人,也应该包含在立遗嘱人自己的奴隶这一范畴内,只要立遗嘱人在自己的奴隶这一用语中,想要包含那些处于自己奴隶范围的人。

D. 32, 73, 2

当然,那些在质押或者抵押卜的奴隶,人们认为它们是属于债务人的奴隶,而不是债权人。

D. 32, 73, 3

因此,如果一个人有自己的奴隶,但是后来将其租给别人做面包师傅、演员或者其他职业,可否认为这些也包括在"自己的奴隶"这一表达中?应该如此推定,如果立遗嘱人没有相反的意愿。

D. 32, 73, 4

我认为,对那些以贩卖奴隶为生的人,如果没有立遗嘱人的明确意愿,很难把他们【用来买卖】的奴隶包含在"自己"奴隶的清单中。事实上,他们购买的目的就是尽快出售,更应该被认为是商品,而不是自己的【奴隶】。

D. 32, 73, 5

Vicarios autem servorum suorum numero non contineri Pomponius libro quinto scribit.

D. 32, 74 *Pomponius libro sexto ad Sabinum*

Si quis suos servos legavit, communes quoque continentur et in quibus usus fructus alienus fuit.

D. 32, 75 *Ulpianus libro vicesimo ad Sabinum*

Nummis indistincte legatis hoc receptum est, ut exiguiores legati videantur, si neque ex consuetudine patris familiae neque ex regionis, unde fuit, neque ex contextu testamenti possit apparere.

D. 32, 76 *Ulpianus libro secundo ad edictum*

Chartis legatis nemo dicet scriptas et libros iam factos legato cedere. hoc idem et in tabulis est.

D. 32, 77 *Iavolenus libro primo ex Plautio*

Cum in substitutione legata repetuntur, libertates etiam continentur.

D. 32, 73, 5

在《萨宾评注》第5卷中，彭波尼写道，替身奴隶不包含在自己奴隶的范围里。

D. 32, 74 彭波尼，《萨宾评注》第6卷

如果一个人遗赠自己的奴隶，【遗赠中】也包含他和别人共有的奴隶，以及别人对之有用益权的奴隶。

D. 32, 75 乌尔比安，《萨宾评注》第20卷

在遗赠硬币时，如果没有特别说明，应该认为遗赠的是最小面值的，除非遗嘱上下文、家父的习惯或者家父所在地区的习惯有不同做法。

D. 32, 76 乌尔比安，《告示评注》第2卷

在纸张的遗赠中，不能说遗赠包含已经书写过的纸张或者已经装好的书本。遗赠表板的情况也是一样。

D. 32, 77 雅沃伦，《普劳提评注》第1卷

在设立候补继承时，如果重复了遗赠，那么自由的授予也包括在内。

D. 32, 78pr. *Paulus libro secundo ad Vitellium*

Quaesitum est Stichum servum ex eo fundo ante annum mortis testatoris abductum et disciplinae traditum, postea in eum fundum non reversum an deberetur. responsum est, si studendi causa misisset, non quo de fundo eum aliorsum transferret, deberi.

D. 32, 78, 1

' Maevi fili, quod iam tibi maximam partem facultatium dederim, contentus esse debes fundo Semproniano cum suis inhabitantibus, id est familia, et quae ibi erunt' . quaesitum est de nominibus debitorum et nummis. eadem epistulam talem emisit: ' argentum omne et supellectilem, quodcumque habeo, tibi dono et quidquid in praedio Semproniano habeo' . an supellex, quae in aliis praediis vel domibus esset, ad Maevium pertineret? et an servi, quos ex eo fundo aliis legavit? responsum est nomina et nummos non videri deberi, nisi manifeste de his quoque legandis voluntas defunctae adprobaretur. servos ex isdem fundis aliis datos deminuisse filii legatum. de argento et suppellectili quae alibi esset eum cuius notio est aestimaturum, ut id optineat, quod testatori placuisse a legatario adprobabitur.

LIBER TRIGESIMUS SE CUNDUS
DE LEGATIS ET FIDEICOMMISSIS

D. 32, 78pr. 保罗，《韦德里评注》第 2 卷

一个问题是，如果【一块土地及其工具被遗赠】，立遗嘱人在死亡前一年，将奴隶斯蒂科斯与【被遗赠的】土地分离，并将斯蒂科斯交给【他人】学习某种职业，后来斯蒂科斯也没有回归那块土地，那么斯蒂科斯是否应该被给付？这里的回答是，如果【立遗嘱人】让奴隶去学习【一项技能】，但没有将他转移到其他土地上，那么他仍然应该被给付。

D. 32, 78, 1

【一位母亲给儿子写道】："梅维奥斯，我的儿子，因为我已经把我绝大多数的财产都给你了，你应该满足于森普罗尼亚诺土地以及居住在土地上的那些【奴隶】家庭和土地上的物。"这里的问题是，【那块土地上的】金钱和对债务人的债权是否属于遗赠。立遗嘱人还有这些话："我赠给你所有我拥有的银器和家具，以及所有我在森普罗尼亚诺土地所拥有的东西。"在其他土地或者房屋中的家具或许也属于梅维奥斯？立遗嘱人遗赠给他人的来自这块土地的奴隶呢？这里的回答是，债权和金钱不在遗赠范围内，因为立遗嘱人没有表达出来遗赠这些东西的意愿，而遗赠给其他人的来自这块土地的奴隶减少了儿子能够获得的遗赠。在其他地方发现的银器和家具，需要受益人证明财产给他是立遗嘱人的意愿，有【司法】审理权的人据此做出判断。

D. 32, 78, 2

Praedia quidam reliquit adiectis his verbis: 'uti a me possessa sunt et quaecumque ibi erunt cum moriar': quaesitum est de mancipiis, quae in his praediis morata fuerunt vel operis rustici causa vel alterius officii, ceterisque rebus, quae ibi fuerunt in diem mortis, an ad legatarium pertinerent. respondit ea omnia, de quibus quaereretur, legata videri.

D. 32, 78, 3

'Peto, ut fundum meum Campanianum Genesiae alumnae meae adscribatis ducentorum aureorum ita uti est.' quaeritur, an fundo et reliqua colonorum et mancipia, si qua mortis tempore in eo fuerint, debeantur. respondit reliqua quidem colonorum non legata: cetera vero videri illis verbis 'ita uti est' data.

D. 32, 78, 4

Illud fortasse quaesiturus sit aliquis, cur argenti appellatione etiam factum argentum comprehendetur, cum, si marmor legatum esset, nihil praeter rudem materiam demonstratum videri posset. cuius haec ratio traditur, quippe ea, quae talis naturae sint, ut saepius in sua redigi possint initia, ea materiae potentia victa numquam vires eius effugiant.

D. 32, 78, 2

如果一个人遗赠土地时，写道："所有我在那块土地所拥有的，以及我死亡时在那的东西。"这里的问题是，受益人是否能够拥有那些在土地上耕作或者提供其他服务的奴隶，以及所有【立遗嘱人】死亡时处于土地上的东西。【法学家的】回答是，问题中提到的所有都被遗赠。

D. 32, 78, 3

"我希望将我的价值 200 金币的坎帕尼亚诺土地依其原样分配给杰内西娅，我抚养大的少女。"这里的问题是，在给付土地的时候，是否要给付【立遗嘱人死亡时】土地上的奴隶，以及佃农尚未给付的租金。法学家的回答是，佃农尚未给付的租金不在遗赠之列，而"依其原样"的话语则意味着其他东西应该给付。

D. 32, 78, 4

有人可能会问，为什么银子这个词也包含被加工的银器，而如果遗赠大理石，只能是那些没有被加工的材料。这里的原因是，有些东西的本质是能够恢复到最初形态的，【即使】这些物回复为材料的可能性被压制，但是从未丧失这种能力。

D. 32, 78, 5

Coccum quod proprio nomine appellatur quin versicoloribus cederet, nemo dubitavit. quin minus porro coracinum aut hysginum aut melinum suo nomine quam coccum purpurave designatur?

D. 32, 78, 6

Cum vir ita legasset: 'quae uxoris causa parata sunt, ei do lego', ego apud praetorem fideicommissarium petebam etiam res aestimatas, quarum pretium in dotem erat, nec optinui, quasi testator non sensisset de his rebus. atquin si in usum eius datae sint, nihil interest, ab ipsa an ab alio comparatae sunt. Postea apud Aburnium Valentem inveni ita relatum: mulier res aestimatas in dotem dederat ac deinde maritus ei legaverat his verbis: 'quae eius causa comparata emptaque essent'. dixit emptorum paratorumque appellatione non contineri ea, quae in dotem data essent, nisi si maritus eas res, posteaquam ipsius factae essent, in uxoris usum convertisset.

D. 32, 78, 7

Rebus quae in fundo sunt legatis accedunt etiam ea, quae tunc non sunt, si esse solent: nec quae casu ibi fuerunt, legata existimantur.

D. 32, 78, 5

没有人怀疑有专门名称的绯红色属于彩色，难道乌鸦黑、紫罗兰色或者苹果白不像绯红色或者红色那样有自己的名字吗？

D. 32, 78, 6

一名丈夫如此遗赠："我遗赠我的妻子那些为她而获得的物。"在面对遗产信托裁判官的时候，我请求那些已经被估值、其价值构成嫁资一部分的物，但是这个请求没有被接受，因为立遗嘱人并没有考虑这些物。或者，如果这些物被交给妻子使用，那么物是由妻子还是由其他人购买并不重要。后来，我在阿布纽斯·瓦伦斯那里发现以下论述，一个妇女将一些被估值的物设立为嫁资，后来丈夫将这些物用这种方式遗赠给她："那些为她【使用】而购买或者获得的物。"他认为在"购买或者获得的物"的表达中不包括如下被设立为嫁资的物，即丈夫在那些物变成他的以后，并没有将其给妻子使用。

D. 32, 78, 7

在遗赠处于土地上的物时，也包括那些当时不在土地上，但通常在的物；只是偶尔出现在土地上的物并没有被遗赠。

D. 32, 79pr. *Celsus libro nono digestorum*

Si chorus aut familia legetur, perinde est quasi singuli homines legati sint.

D. 32, 79, 1

His verbis: 'quae ibi mobilia mea erunt, do lego' nummos ibi repositos, ut mutui darentur, non esse legatos Proculus ait: at eos quos praesidii causa repositos habet, ut quidam bellis civilibus factitassent, eos legato contineri. et audisse se rusticos senes ita dicentes pecuniam sine peculio fragilem esse, peculium appellantes, quod praesidii causa seponeretur.

D. 32, 79, 2

Area legata si inaedificata medio tempore fuerit ac rursus area sit, quamquam tunc peti non poterat, nunc tamen debetur.

D. 32, 79, 3

Servus quoque legatus si interim manumittatur et postea servus factus sit, peti potest.

D. 32, 80 *Celsus libro trigesimo quinto digestorum*

Coniunctim heredes institui aut coniunctim legari hoc est: totam hereditatem et tota legata singulis data esse, partes autem concursu fieri.

LIBER TRIGESIMUS SE CUNDUS
DE LEGATIS ET FIDEICOMMISSIS

D. 32, 79pr. 杰尔苏，《学说汇纂》第 9 卷

如果一群舞蹈演员或者奴隶家庭被遗赠，那么如同每个个体被遗赠。

D. 32, 79, 1

如果【遗赠】是这样的："遗赠所有在那里的动产"，普罗库鲁斯认为，那些为了出借而放置在那里的金钱没有被遗赠。不过，作为预防措施而放在那里的金钱——如同有些人在内战期间通常会做的那样——则被遗赠。他说，他听过老人说，没有被储备的财富是不保险的，而储备就是另藏于别处以保证安全。

D. 32, 79, 2

如果一块被遗赠的土地在当时已经有建筑物，后来又变成空地，虽然在那段时期不能请求遗赠，但是现在就可以了。

D. 32, 79, 3

如果一个被遗赠的奴隶被解放，后来又变成奴隶，那么可以请求。

D. 32, 80 杰尔苏，《学说汇纂》第 35 卷

被共同指定的继承人或受遗赠人是指整个遗产或者所有遗赠被分配给每一个人，份额通过竞合确定。

D. 32, 81 pr. Modestinus libro nono differentiarum

Servis legatis etiam ancillas quidam deberi recte putant, quasi commune nomen utrumque sexum contineat: ancillis vero legatis masculos non deberi nemo dubitat. sed pueris legatis etiam puellae debentur: id non aeque in puellis pueros contineri dicendum est.

D. 32, 81, 1

Mulieribus vero legatis etiam virgines debentur, sicuti viris legatis etiam pueros deberi respondetur.

D. 32, 81, 2

Pecudibus autem legatis et boves et cetera iumenta continentur.

D. 32, 81, 3

Armento autem legato etiam boves contineri convenit, non etiam greges ovium et caprarum.

D. 32, 81, 4

Ovibus legatis neque agnos neque arietes contineri quidam recte existimant.

D. 32, 81, 5

Ovium vero grege legato et arietes et agnos deberi nemo dubitat.

D. 32, 81pr. 莫特斯丁,《区别集》第 9 卷

有些【法学家】正确地认为,在(男)奴隶的遗赠中,也包括女奴隶,因为这个词在语法上可以包含两类,而没有人怀疑在女奴隶的遗赠中不包括男的。在少年(男)奴隶们的遗赠中,也包括女性,但是反过来,不能认为少年男奴隶包含在女奴隶中。

D. 32, 81, 1

在女性奴隶的遗赠中,处女显然包括在内,如同在男性奴隶的遗赠中,也包括小男孩。

D. 32, 81, 2

在牲畜的遗赠中,也包括牛和其他驮兽。

D. 32, 81, 3

在牲畜群的遗赠中,牛群包括在内,但是绵羊和山羊群不包括在内。

D. 32, 81, 4

有些【法学家】正确地认为,在绵羊群的遗赠中,不包括羔羊,也不包括公羊。

D. 32, 81, 5

毋庸置疑,在羊群的遗赠中,羔羊和公羊都包括在内。

D. 32, 82 *Modestinus libro nono regularum*

Servus, qui in fundo morari solitus erat, si fugerit, licet post mortem testatoris adprehendatur, fundo legato, ut instructus est, etiam ipse legato cedit.

D. 32, 83pr. *Modestinus libro decimo responsorum*

Quod his verbis relictum est: 'quidquid ex hereditate bonisve meis ad te pervenerit, cum morieris, restituas', fructus, quos heres vivus percepit, item quae fructuum vice sunt non venire placuisse: nec enim quicquam proponi, ex quo de his quoque restituendis testatricem rogasse probari potest.

D. 32, 83, 1

Testator, qui libertis fideicommissum relinquebat, substitutione inter eos facta expressit, ut post mortem extremi ad posteros eorum pertineret: quaero, cum nemo alius sit nisi libertus eius qui extremo mortuus est, an is ad fideicommissum admitti debeat. respondit: posterorum appellatione liberos tantummodo, non etiam libertos eorum, quibus fideicommissum relictum est, fideicommisso contineri nequaquam incertum est.

D. 32, 84 *Iavolenus libro secundo ex Cassio*

Cui quae Romae essent legata sunt, ei etiam quae custodiae causa in horreis extra urbem reposita sunt, debentur.

LIBER TRIGESIMUS SE CUNDUS
DE LEGATIS ET FIDEICOMMISSIS

D. 32，82 莫特斯丁，《规则集》第 9 卷

在土地及其工具被遗赠时，通常居住于土地上但在逃的奴隶也属于遗赠范围，即使他是在立遗嘱人死后被抓到的。

D. 32，83pr. 莫特斯丁，《解答集》第 10 卷

如果有一个遗赠这样写："在你死亡时，你【通过遗产信托】给付所有你得到的我的遗产和我的财产。"那么继承人在生存期间得到的孳息以及如同孳息的物不包括在内，事实上，看不出来立遗嘱人也要求给付这些东西。

D. 32，83，1

立遗嘱人为自己的解放自由人们设立了遗产信托，指明他们互相候补继承，并且宣告在最后一个人死亡后，信托财产应该给他们的后代。这里的问题是，如果最后死亡的人只有一个解放自由人，他是否可以获得遗产信托？【法学家的】回答是，这里没有什么不清楚的，后代只包括获得遗产信托的人的子孙们，而不包括解放自由人。

D. 32，84 雅沃伦，《卡修斯评注》第 2 卷

如果一个人被遗赠位于罗马的物，那些位于城市之外的仓库中用来照管该物的物，也被遗赠。

D. 32, 85 *Pomponius libro secundo ad Quintum Mucium*

Nuper constitutum est a principe, ut et non adiecto hoc 'meum' si quis corpus alicui leget et ita sentiat, ut ita demum praestetur, si suum sit, ita valere legatum, ut appareat magis sententiam legantis, non hoc verbum 'meum' respiciendum esse. et ideo elegans est illa distinctio, ut, quotiens certum corpus legatur, ad praesens tempus adiectum hoc verbum 'meum' non faciat condicionem, si vero incertum corpus legetur, veluti ita 'vina mea' 'vestem meam', videatur pro condicione hoc verbum esse 'mea', ut ea demum, quae illius sint, videantur legata. quod non puto fortiter posse defendi, sed potius et hic vestem vel vinum, quod suorum numero habuerit, hoc legatum esse: sic enim responsum est etiam quod coacuerit vinum legato cedere, si id vini numero testator habuisset. plane in mortis tempore collatum hunc sermonem 'vestem, quae mea erit' sine dubio pro condicione accipiendum puto: sed et 'Stichum qui meus erit' puto pro condicione accipiendum nec interesse, utrum ita 'qui meus erit' an ita 'si meus erit': utrubique condicionem eam esse. Labeo tamen scribit etiam in futurum tempus collatum hunc sermonem 'qui meus erit' pro demonstratione accipiendum, sed alio iure utimur.

D. 32，85 彭波尼，《昆图斯·穆齐评注》第 2 卷

最近，皇帝决定，如果一个人给另一个人遗赠某物，而没有加"我的"这一定语，但意图是只有物是他的时才能发生遗赠，那么遗赠有效，然后要更关注遗赠人的意愿，而不是"我的"这一词语。因此，一个细致的区分是，如果遗赠的是特定物，那么指向现在时的"我的"这一词语并不是条件；如果遗赠的是不特定物，例如"我的葡萄酒""我的衣服"，那么"我的"这一词语就被认为是一种条件，只能遗赠属于立遗嘱人的东西。我认为这种区分并不牢靠，此时，【即使没有"我的"这一定语】，在葡萄酒和衣服【被遗赠】时，【只是】那些立遗嘱人在他的物品种类中拥有过的物被遗赠。因此，即使葡萄酒已经酸化成醋，如果立遗嘱人将其列在酒的名录里，那就作为酒遗赠。"将会属于我的衣服"这种话语，显然指的是立遗嘱人死亡的时刻，我认为这毫无疑问是一种条件。但是，我还认为以下话语也是条件，"将会是我的奴隶斯蒂科斯"。在"将会是我的"和"如果是我的"两者之间并没有区别，因为两者指的都是条件。相反，拉贝奥认为，"将会是我的"指向将来时刻，应该是确定的【而非条件】，但我们适用的法律与之不同。

D. 32, 86 *Proculus libro quinto epistularum*

Si ita legatum est 'domum quaeque mea ibi erunt, cum moriar', nummos ad diem exactos a debitoribus, ut aliis nominibus collocarentur, non puto legatos esse et Labeonis distinctionem valde probo, qui scripsit nec quod casu abesset, minus esse legatum nec quod casu ibi sit, magis esse legatum.

D. 32, 87 *Paulus libro quarto ad legem Iuliam et Papiam*

Et fideicommissum et mortis causa donatio appellatione legati continetur.

D. 32, 88pr. *Paulus libro quinto ad legem Iuliam et Papiam*

Lana legata vestem, quae ex ea facta sit, deberi non placet.

D. 32, 88, 1

Sed et materia legata navis armariumve ex ea factum non vindicetur.

D. 32, 88, 2

Nave autem legata dissoluta neque materia neque navis debetur.

D. 32, 86 普罗库鲁斯,《书信集》第 5 卷

如果某人这样遗赠:"房屋以及我死亡时候位于房屋的物",我认为,从到期债务人那里收回的、要用于再次放贷的金钱并不在遗赠范围内。我完全赞同拉贝奥的区分,即某物暂时不在,并不会减少遗赠;而某物意外出现在那里时,遗赠也不会增加。

D. 32, 87 保罗,《伏利亚及帕皮亚法评注》第 4 卷

在遗赠一词中,既包含遗产信托,也包含死因赠与。

D. 32, 88pr. 保罗,《伏利亚及帕皮亚法评注》第 5 卷

在遗赠羊毛的时候,不应包括用羊毛制成的衣服。

D. 32, 88, 1

而且,在被遗赠【木头这样的】材料时,不能主张用木头制成的船或者柜子。

D. 32, 88, 2

在被遗赠一艘船时,如果船已经被拆解,那么材料【即木头】和船都不应该被给付。

D. 32, 88, 3

Massa autem legata scyphi ex ea facti exigi possunt.

D. 32, 89 *Paulus libro sexto ad legem Iuliam et Papiam*

Re coniuncti videntur, non etiam verbis, cum duobus separatim eadem res legatur. item verbis, non etiam re: 'Titio et Seio fundum aequis partibus do lego', quoniam semper partes habent legatarii. praefertur igitur omnimodo ceteris, qui et re et verbis coniunctus est. quod si re tantum coniunctus sit, constat non esse potiorem. si vero verbis quidem coniunctus sit, re autem non, quaestionis est, an coniunctus potior sit: et magis est, ut et ipse praeferatur.

D. 32, 90 *Paulus libro septimo ad legem Iuliam et Papiam*

Nominatim legatum accipiendum est, quod a quo legatum sit intellegitur, licet nomen pronuntiatum non sit.

D. 32, 91pr. *Papinianus libro septimo responsorum*

Praediis per praeceptionem filiae datis cum reliquis actorum et colonorum ea reliqua videntur legata, quae de reditu praediorum in eadem causa manserunt: alioquin pecuniam a colonis exactam et in kalendarium in eadem regione versam reliquis non contineri neque colonorum neque actorum facile constabit, tametsi nominatim actores ad filiam pertinere voluit.

D. 32, 88, 3

在遗赠金属块的时候，也可以请求金属块制成的杯子。

D. 32, 89 保罗，《伏利亚及帕皮亚法评注》第 6 卷

如果一个物被分别遗赠给两个人，那么他们被认为是依据物而不是依据言语的共同受赠人。相同的，依据言语而不是依据物的情况是："我将土地给蒂齐奥和塞尤斯，他们份额相等"，因为受益人每个人都有自己的份额。因此，如果一个人既依据物也依据言语成为共同受遗赠人，那么他优先于其他人。如果只由于物的原因而成为共同受遗赠人，那么不优先。这里的问题是，如果由于言语而不是由于物而成为共同受遗赠人，是否优先于他人。应该认为【这种情况下】他也是优先的。

D. 32, 90 保罗，《伏利亚及帕皮亚法评注》第 7 卷

只要能确定遗赠的义务人，就可认为是"记名的"遗赠，即使【立遗嘱人】没有明确表示出名字。

D. 32, 91pr. 帕比尼安，《解答集》第 7 卷

如果对女儿以先取遗赠的方式遗赠土地，以及管理人和佃农应该给付的到期债务，那些和土地收益具有同一原因的未给付到期债权也在遗赠范围里。不过，很明显的是，那些从佃农处收取，计入账簿以用于【其他投资】的金钱，虽然发生在同一土地上，不构成佃农及管理者应该给付的到期债权，即使【立遗嘱人】明确将奴隶管理人赠与女儿。

D. 32, 91, 1

Ex his verbis: ' Lucio Titio praedia mea illa cum praetorio, sicut a me in diem mortis meae possessa sunt, do ' instrumentum rusticum et omnia, quae ibi fuerunt, quo dominus fuisset instructior, deberi convenit: colonorum reliqua non debentur.

D. 32, 91, 2

Pater filio tabernam purpurariam cum servis institoribus et purpuris, quae in diem mortis eius ibi fuerunt, legavit. neque pretia purpurae condita neque debita neque reliqua legato contineri placuit.

D. 32, 91, 3

' Titio Seiana praedia, sicuti comparata sunt, do lego. ' cum essent Gabiniana quoque simul uno pretio comparata, non sufficere solum argumentum emptionis respondi, sed inspiciendum, an litteris et rationibus appellatione Seianorum Gabiniana quoque continentur et utriusque possessionis confusi reditus titulo Seianorum accepto lati essent.

LIBER TRIGESIMUS SE CUNDUS
DE LEGATIS ET FIDEICOMMISSIS

D. 32, 91, 1

基于以下言语："我给卢修斯·蒂齐奥我的土地以及房屋，土地和房屋应如同我死亡时候的状态。"这里，用于耕种的附属物，以及所有位于土地和房屋的、用于更好地装备所有权人的物都被遗赠，不过佃农还未给付的到期债权不被遗赠。

D. 32, 91, 2

家父遗赠给自己的儿子经营红色织品的店，以及经营这个商店的奴隶和他死亡时候在商店的织品。那么在遗赠中应该不包括卖织品所得到的价款，也不包括债务和到期债权。

D. 32, 91, 3

"我将赛亚尼土地遗赠给蒂齐奥，如同购买时候的样子。"同一笔价金也用于一并购买加比尼亚尼【土地】。我认为，只是【一起】购买的理由并不充足，而是应该考虑，在文件中和账簿中，赛亚尼的名字是否也包含加比尼亚尼，以及两块土地的收益是否不加区分地登记在赛亚尼的条目下。

D. 32, 91, 4

Balneas legatae domus esse portionem constabat: quod si eas publice praebuit, ita domus esse portionem balneas, si per domum quoque intrinsecus adirentur et in usu patris familiae vel uxoris nonnumquam fuerunt et mercedes eius inter ceteras meritoriorum domus rationibus accepto ferebantur et uno pretio comparatae vel instructae communi coniunctu fuissent.

D. 32, 91, 5

Qui domum possidebat, hortum vicinum aedibus comparavit ac postea domum legavit. si hortum domus causa comparavit, ut amoeniorem domum ac salubriorem possideret, aditumque in eum per domum habuit et aedium hortus additamentum fuit, domus legato continebitur.

D. 32, 91, 6

Appellatione domus insulam quoque iniunctam domui videri, si uno pretio cum domu fuisset comparata et utriusque pensiones similiter accepto latas rationibus ostenderetur.

D. 32, 91, 4

确定的是，浴室也是被遗赠的房屋的一部分。如果【立遗嘱人】将浴室向公众开放，若能够从房屋内部进入浴室，家父或者妻子有时也使用浴室，以及浴室的收益和其他收益一道进入家庭账簿中，浴室和房屋是同一笔价金购得或者和房屋一起装修，那么浴室仍然是房屋的一部分。

D. 32, 91, 5

拥有一栋房屋的某人购买了临近房屋的花园，然后将房屋遗赠。如果购买花园的目的是为了房屋的功能，以让房屋更加令人愉悦和健康，从房屋有入口进入花园，以及花园构成房屋的补充时，花园也构成房屋遗赠的一部分。

D. 32, 91, 6

对房屋这个词语，人们认为也包括和房屋连为一体的公寓，只要是用同一笔价款购买，以及两者的租金作为共同收益计入账簿。

D. 32, 92pr. *Paulus libro tertio decimo responsorum*

'Si mihi Maevia et Negidia filiae meae heredes erunt, tunc Maevia e medio sumito praecipito sibique habeto fundos meos illum et illum cum casulis et custodibus omnium horum fundorum et cum his omnibus agris, qui ad coniunctionem cuiusque eorum fundorum emptione vel quolibet alio casu optigerint, item cum omnibus mancipiis pecoribus iumentis ceterisque universis speciebus, quae in isdem fundis quove eorum cum moriar erunt, uti optimi maximique sunt utique eos in diem mortis meae possedi et, ut plenius dicam, ita uti cluduntur'. in fundo autem uno ex his, qui praelegati sunt, tabularium est, in quo sunt et complurium mancipiorum emptiones, sed et fundorum et variorum contractuum instrumenta, praeterea et nomina debitorum: quaero, an instrumenta communia sint. respondi secundum ea quae proponuntur instrumenta emptionum, item debitorum, quae in fundo praelegato remanserunt, non videri legato contineri.

D. 32, 92, 1

His verbis domibus legatis: 'fidei heredum meorum committo, uti sinant eum abere domus meas, in quibus habito, nullo omnino excepto cum omni instrumento et repositis omnibus' non videri testatorem de pecunia numerata aut instrumentis ebitorum sensisse.

D. 32，92pr. 保罗，《解答集》第 13 卷

"如果我的女儿们梅维娅和内吉迪娅是继承人，那么梅维娅可以从遗产中获得某处和某处的土地作为先取遗赠，以及这两块土地上的屋子和看管人，以及由于购买或者其他原因而添附到两块土地上的田地，还包括在我死亡的时候处于土地上或者土地某部分上的所有奴隶、牲畜、驮兽和其他特定物，她能够获得完全的权利，如同我死亡时候所有的状态，更完全地说，就是那些被围起来的东西。"在一块先取遗赠的土地上，有一份档案，其中包含了购买很多奴隶和土地的文件，以及很多份合同，还有对一些债务人的债权。这里的问题是，这些文件是否是【两个继承人】共有的。回答是，依据这里的情况，那些购买文件和对债务人的债权，虽然在被遗赠的土地上，但是不在遗赠范围之中。

D. 32，92，1

一些房屋被如此遗赠："我的继承人应该基于遗产信托，允许某人获得我居住的房屋，以及所有的文书和所有房屋里的东西，没有任何例外"，立遗嘱人所说的应该不包括现金和债权文书。

D. 32, 93pr. *Scaevola libro tertio responsorum*

Lucius Titius testamento suo cavit, ne ullo modo praedium suburbanum aut domum heres alienaret: filia eius heres scripta heredem reliquit filiam suam, quae easdem res diu possedit et decedens extraneos heredes instituit: quaesitum est, an praedia pertinerent ad Iuliam, quae Lucium Titium testatorem patruum maiorem habuit. respondit nihil proponi contra voluntatem defuncti factum, quo minus ad heredem pertinerent, cum hoc nudum praeceptum est.

D. 32, 93, 1

'Semproniae mulieri meae reddi iubeo ab heredibus meis centum aureos, quos utuos acceperam.' quaesitum est, si hanc pecuniam ut debitam Sempronia petens victa sit, an fideicommissum peti possit. respondit secundum ea quae proponerentur posse ex causa fideicommissi peti, quod apparuisset non fuisse ex alia causa debitum.

D. 32, 93, 2

Quidam praedia legavit libertis adiectis his verbis: 'uti a me possessa sunt et uaecumque ibi erunt, cum moriar': quaesitum est, an mancipia, quae in his praediis morata in diem mortis patris familias fuerunt operis rustici causa vel alterius officii, ceteraeque res, quae ibi fuerunt, ad legatarios pertineant. re-spondit pertinere.

D. 32, 93pr. 谢沃拉，《解答集》第 3 卷

在遗嘱中，卢修斯·蒂齐奥要求继承人不得以任何方式转让市郊土地和房屋。被指定为继承人的女儿指定自己的女儿为继承人，后者长时间占有这些物，并在死亡的时候指定了家外人为继承人。这里的问题是，土地是否应该属于尤里娅，卢修斯·蒂齐奥的侄孙女。【法学家的】回答是，这里没有什么情况违反了死者的意愿，以至于土地不属于继承人，其实这里只是纯粹的劝告。

D. 32, 93, 1

"我希望我的继承人【通过遗产信托】给付我的妻子森普罗尼娅 100 金币，这些钱是我从她那里借贷来的。"这里的问题是，如果森普罗尼娅【基于消费借贷】诉请金钱，但是没有成功，是否可以主张遗产信托。【法学家的】回答是，依据这里的情况，她可以基于遗产信托主张基于另一原因而不应给付的金钱。

D. 32, 93, 2

某人遗赠土地给解放自由人，并写到："如同我占有时的状况，以及所有我死亡时候在土地上的物。"这里的问题是，受遗赠人是否拥有在家父死亡时候在土地上耕作或者从事其他活动的奴隶，以及位于土地上的其他物。【法学家的】回答是拥有。

D. 32, 93, 3

Quaesitum est, an, quod heredes fratribus rogati essent restituere, etiam ad sorores pertineret. respondit pertinere, nisi aliud sensisse testatorem probetur.

D. 32, 93, 4

Collegio fabrorum fundum cum silvis, quae ei cedere solent, uti optimus maximusque esset, legavit. quaero, an ea quoque, quae in diem mortis ibi fuissent, id est faenum pabulum palea, item machina, vasa vinaria, id est cuppae t dolia, quae in cella defixa sunt, item granaria legata essent. respondit non recte peti, quod legatum non esset.

D. 32, 93, 5

Ex parte dimidia heredi instituto per praeceptionem fundum legavit et ab eo ita petit: 'peto, uti velis coheredem tibi recipere in fundo Iuliano meo, quem amplius te recipere iussi, Clodium Verum nepotem meum, cognatum tuum'. quaero, an pars fundi ex causa fideicommissi nepoti deberetur. respondit deberi.

D. 32, 93, 3

提出的问题是，继承人被要求【通过遗产信托】给付兄弟的物，是否也属于姐妹。【法学家的】回答是，只要没有证明立遗嘱人有相反意愿，那么也属于姐妹。

D. 32, 93, 4

【立遗嘱人】遗赠给手工业者行会一块土地以及通常附属于土地的小树林，且没有权利或者质量瑕疵。这里的问题是，在立遗嘱人死亡时候处在土地上的物，如干草、饲料、稻草、其他工作器具、葡萄酒器Ⅲ（钉在地窖地板上的酒桶和木桶）、谷仓等是否也被遗赠。【法学家的】回答是，不能请求没有被遗赠的东西。

D. 32, 93, 5

对一个拥有一半遗产的继承人，【立遗嘱人】以先取遗赠的方式赠与了一块土地，并要求："我要求，在你以先取遗赠方式取得的尤里安诺土地上，你能够接受我的侄子，也就是你的亲戚克劳丢斯·维鲁姆为共同继承人。"这里的问题是，是否应基于遗产信托给付侄子土地份额。【法学家的】回答是肯定的。

D. 32, 94 *Valens libro secundo fideicommissorum*

Is, qui complures libertos relinquebat, tribus ex his fundum legaverat et petierat, ut curarent, ne de nomine suo exiret. quaerebatur, ex tribus qui rimus moriebatur utrum utrique vel alteri ex his, qui sibi in legato coniuncti essent, relinquere partem suam deberet, an possit vel alii conliberto suo eam relinquere. placuit, etsi voluntatis quaestio esset, satis illum facturum et si alii reliquisset. quod si nulli dedisset, occupantis an omnium conlibertorum et num eorum tantum, quibus pariter legatum esset, petitio fideicommissi esset, dubitabatur. et Iulianus recte omnibus debere putavit.

D. 32, 95 *Maecianus libro secundo fideicommissorum*

'Quisquis mihi heres erit, damnas esto dare fideique eius committo, uti det, quantas summas dictavero dedero'. Aristo res quoque corporales contineri ait, ut raedia mancipia vestem arge-ntum, quia et hoc verbum 'quantas' non ad numeratam dumtaxat pecuniam referri ex dotis relegatione et stipulationibus emptae hereditatis apparet et 'summae' appellatio similiter accipi deberet, ut in his argumentis quae relata essent ostenditur. voluntatem praeterea defuncti, quae maxime in fideicommissis valeret, ei sententiae suffragari: neque enim post eam praefationem adiecturum testatorem fuisse res corporales, si dumtaxat pecuniam numeratam praestari voluisset.

D. 32, 94 瓦伦斯,《遗产信托》第 2 卷

一个有很多解放自由人的人,遗赠给其中的三个人一份土地,并【通过遗产信托】要求他们照管土地,不要让土地逸出拥有他的姓氏的人的范围。这里的问题是,三个解放自由人中第一个死亡的人是应该将他的份额给另外两个共同受遗赠人,还是两人中的一个,或者可以给其他的共同解放自由人。尽管这是一个【探究立遗嘱人】意愿的问题,不过应该认为【把份额】给其他【解放自由人】也是满足立遗嘱人要求的。如果先死去的解放自由人完全没有分配给任何人,人们讨论遗产信托之诉属于占有【土地的】人、所有的共同解放自由人还是那些被授予遗赠的人。尤里安正确地认为属于所有的共同解放自由人。

D. 32, 95 梅西安,《遗产信托》第 2 卷

"无论谁是我的继承人,我要求并信任他会给付我将设定及将会给付的全部数额。"阿里斯托认为,【这个遗赠】也包含有体物,如土地、奴隶、衣服、银器,因为在嫁资遗赠和遗产买卖要式口约中,"数额"并不仅指金钱;"全部"也应该做同样理解,如同前面所提到的例子。而且,这种看法更有利于实现立遗嘱人的意愿,而立遗嘱人的意愿在遗产信托中是最重要的。事实上,在一开始的陈述后,如果立遗嘱人希望只给付金钱,就不会再补充提及有体物。

D. 32, 96 *Gaius libro secundo fideicommissorum*

Si Titius ex parte heres rogatus sit Maevio hereditatem restituere et rursus Titio coheres eius rogatus sit partem suam aut partis partem restituere, an hanc quoque partem, quam a coherede ex fideicommisso recipit, Titius restituere aevio debeat, divus Antoninus consultus rescripsit non debere restituere, quia hereditatis appellatione neque legata neque fideicommissa continentur.

D. 32, 97 *Paulus libro secundo decretorum*

Hosidius quidam instituta filia Valeriana herede actori suo Antiocho data libertate praedia certa et peculium et reliqua relegaverat tam sua quam colonorum: legatarius proferebat manu patris familiae reliquatum et tam suo quam olonorum nomine: item in eadem scriptura adiectum in hunc modum: ' item quorum rationem reddere debeat', scilicet quae in condito habuerat pater familias frumenti vini et ceterarum rerum: quae et ipsa libertus petebat et ex reliquis esse dicebat: et apud praesidem optinuerat. ex diverso cum diceretur reliqua colonorum ab eo non peti nec propria, diversam autem causam esse eorum, quae in condito essent, imperator interrogavit partem legatarii: ' quaerendi causa pone ', inquit, ' in condito centiens aureorum esse, quae in usum sumi solerent: diceres totum, quod esset relictum in arca, deberi'? et placuit recte appellasse. a parte legatarii suggestum est quaedam a colonis post mortem patris familias exacta. respondit hoc, quod post mortem exactum fuisset, reddendum esse legatario.

D. 32, 96 盖尤斯,《遗产信托》第 2 卷

如果蒂齐奥,一部分遗产的继承人,被要求【通过遗产信托】给付遗产给梅维奥斯,同时,蒂齐奥的共同继承人被要求把他的份额或者份额的一部分给蒂齐奥,蒂齐奥是否应该基于遗产信托把从共同继承人处获得的财产给梅维奥斯?安东尼·庇护皇帝被询问【这个问题】,他通过批复确定【蒂齐奥】并不需要【给付】,因为在遗产的定义中并不包含遗赠和遗产信托。

D. 32, 97 保罗,《主要论点集》第 2 卷

某个叫奥斯丢斯的人指定自己的女儿瓦莱里亚娜为继承人,并解放了自己的管理人,奴隶安提奥科,他遗赠给奴隶土地、特有产和来自自己以及佃农的到期债权。受遗赠人出示了一份家父手写的【文件】,关涉来自家父自己和佃农的债务。在文件中还写道:"以及他应该管理和汇报的物",也就是家父存在仓库中的物,包括小麦、葡萄酒和其他。解放自由人也请求了这些物,认为这些构成到期债权,并在行省总督那里赢得诉讼。不过,对方当事人认为,解放自由人并没有对佃农主张到期债权,也没有对自己主张债权,而那些在仓库中所保管的物是另一种情况。皇帝询问受遗赠人的律师:"为了明确,假设在仓库中储存有 100 金币,通常用于日常花费,这些钱财是否也应该给付【受遗赠人】?"皇帝认为【对总督判决的】上诉是合理的。受遗赠人的辩护律师提出,在家父死亡以后,对佃农的部分债权已经被收取。这里的回答是,在【立遗嘱人】死亡后收取的债权应该返还给受遗赠人。

D. 32, 98 *Paulus libro singulari de forma testamenti*

Si plures gradus sint heredum et scriptum sit 'heres meus dato', ad omnes gradus hic sermo pertinet, sicuti haec verba 'quisquis mihi heres erit'. itaque si quis velit non omnes heredes legatorum praestatione onerare, sed aliquos ex his, nominatim damnare debet.

D. 32, 99pr. *Paulus libro singulari de instrumenti significatione*

Servis urbanis legatis quidam urbana mancipia non loco, sed opere separant, ut, licet in praediis rusticis sint, tamen si opus rusticum non faciant, urbani videntur. dicendum autem est, quod urbani intellegendi sunt, quos pater familias inter urbanos adnumerare solitus sit: quod maxime ex libellis familiae, item cibariis deprehendi poterit.

D. 32, 99, 1

Venatores et aucupes utrum in urbanis an in rusticis contineantur, potest dubitari: sed dicendum est, ubi pater familias moraretur et hos alebat, ibi eos numerari.

D. 32, 99, 2

Muliones de urbano ministerio sunt, nisi propter opus rurestre testator eos destinatos habebat.

D. 32，98 保罗，《论遗嘱的形式》

如果继承人包含多个等级，然后写道："我的继承人给付"，这种话语针对所有等级的继承人，和"无论谁是我的继承人"的表达效果一样。如果一个人并不想让所有继承人负担遗赠给付，而是只让某个人负担，应该明确指名以约束这个继承人。

D. 32，99pr. 保罗，《论从物的含义》

某些城市奴隶被遗赠。有些【法学家】在区分城市奴隶的时候，不是基于【他们所处的】地点，而是【他们所从事的】工作。因此，有些奴隶尽管身处农村，但是不从事农业活动，还是可以被认为是城市奴隶。但是，认定城市奴隶应该依据家父是否通常将其列为城市奴隶，这主要可以通过家庭登记册以及食物分配而得出。

D. 32，99，1

工作是狩猎或者捕鸟的奴隶属于城市奴隶还是乡村奴隶有争议，但可以说有时候他们是城市奴隶，有时候是另一种，取决于家父在哪里居住和养活他们。

D. 32，99，2

赶骡人属于城市奴隶，除非立遗嘱人让其从事农业活动。

D. 32, 99, 3

Eum, qui natus est ex ancilla urbana et missus in villam nutriendus, interim in neutris esse quidam putant: videamus, ne in urbanis esse intellegatur, quod magis placet.

D. 32, 99, 4

Servis lecticariis legatis si idem lecticarius sit et cocus, accedet legato.

D. 32, 99, 5

Si alii vernae, alii cursores legati sunt, si quidam et vernae et cursores sint, cursoribus cedent: semper enim species generi derogat. si in specie aut in genere utrique sint, plerumque communicabuntur.

D. 32, 100pr. *Iavolenus libro secundo ex posteri-oribus Labeonis*

'Heres meus damnas esto Lucio Titio Stichum servum meum reddere' vel ita: 'illum servum meum illi reddito' . Cascellius ait deberi neque id Labeo improbat, quia qui reddere iubetur, simul et dare iubetur.

D. 32, 99, 3

有些【法学家】认为,城市女奴隶的儿子如果被送往乡间别墅抚育,那么在那段时期既不属于城市奴隶,也不属于乡村奴隶。我们考虑,或许不应将其视为城市奴隶,这个观点更值得赞同。

D. 32, 99, 4

一些抬轿子的奴隶被遗赠,如果一个奴隶既是厨师,也抬轿子,那么被包含在遗赠里。

D. 32, 99, 5

如果一个人获赠在家中出生的奴隶,另一个人获赠信使奴隶。有些奴隶在家中出生,但是也是信使,此时应该被归入到信使类,因为一个种概念应该优先于属概念。如果某个奴隶属于两个种或者两个属,那么应该是【两个受遗赠人】共有。

D. 32, 100pr. 雅沃伦,《关于拉贝奥的遗作》第 2 卷

"我的继承人应该把我的奴隶斯蒂科斯返还给卢修斯·蒂齐奥",或者"应该把我的奴隶返还给他"。卡谢流斯认为应该给付【奴隶】,拉贝奥对此也赞同,因为一个人如果被要求返还某物,那么也就被要求给付某物。

D. 32, 100, 1

Duae statuae marmoreae cuidam nominatim, item omne marmor erat legatum: nullam statuam marmoream praeter duas Cascellius putat deberi: Ofilius Trebatius contra. Labeo Cascellii sententiam probat, quod verum puto, quia duas statuas legando potest videri non putasse in marmore se statuas legare.

D. 32, 100, 2

'Uxori meae vestem, mundum muliebrem, ornamenta omnia, aurum argentum quod eius causa factum paratumque esset omne do lego.' Trebatius haec verba 'quod eius causa factum paratumque est', ad aurum et argentum dumtaxat referri putat, Proculus ad omnia, quod et verum est.

D. 32, 100, 3

Cui Corinthia vasa legata essent, ἐν βάσεις quoque eorum vasorum collocandorum causa paratas deberi Trebatius respondit. Labeo autem id non probat, si eas βάσεις testator numero vasorum habuit. Proculus vero recte ait, si aeneae quidem sint, non autem Corinthiae, non deberi.

D. 32, 100, 4

Cui testudinea legata essent, ei lectos testudineos pedibus inargentatos deberi Labeo Trebatius responderunt, quod verum est.

D. 32, 100, 1

某人获得两个大理石雕像的遗赠，以及所有的大理石。卡谢流斯认为，除了这两个雕像外，其他的大理石雕像没有被遗赠。奥菲流斯和特雷巴求斯持相反意见。拉贝奥支持卡谢流斯的观点。我认为这是正确的，因为，既然遗赠的是"两个雕像"，可以认为【立遗嘱人所使用的】"大理石"并不包含雕像的遗赠。

D. 32, 100, 2

"我遗赠给我的妻子衣服、女性用品、所有的饰品、所有的金银，也就是为她制作和获得的东西。"特雷巴求斯认为"为她制作和取得的东西"仅指金银，普罗库鲁斯认为是所有的这些东西。普罗库鲁斯是正确的。

D. 32, 100, 3

特雷巴求斯认为，如果一个受遗赠人获得了科林斯花瓶，那他也可以获得放置这些花瓶的青铜底座。拉贝奥不赞同这种观点，除非立遗嘱人将底座和花瓶视为一体。普罗库鲁斯正确地认为，如果底座是铜但不是科林斯铜的话，就不应该给付。

D. 32, 100, 4

某人获得玳瑁制品的遗赠，拉贝奥和特雷巴求斯认为，底脚镶银的玳瑁躺椅也应该被给付。这是正确的。

D. 32, 101pr. *Scaevola libro sexto decimo digestorum*

Qui habebat in provincia, ex qua oriundus erat, propria praedia et alia pignori sibi data ob debita, codicillis ita scripsit: ' τῇ γλυκυτάτῃ μου πατρίδι βούλομαι εἰς τὰ μέρη αὐτῆς δοθ ῆναι ἀφορίζω αὐτῇ Χωρία πάντα, ὅσα ἐν Συρίᾳ κέκτημαι, σὺν πᾶσιν τοῖς ἐνοῦσιν βοσκήμασιν δούλοις καρποῖς ἀποθ- έτοις κα-τασκεναῖς πάσαισ '. quaesitum est, an etiam praedia, quae pignori habuit testator, patriae suae reliquisse videatur. respondit secundum ea quae proponerentur non videri relicta, si modo in proprium patrimonium (quod fere cessante debitore fit) non sint redacta.

D. 32, 101, 1

'Peto fundum meum ita, uti est, alumnae meae dari'. quaesitum est, an fundo et reliqua colonorum et mancipia, si qua mortis tempore in eo fundo fuerint, debeantur. respondit reliqua quidem colonorum non esse legata, cetera vero videri illis verbis 'ita uti est' data.

D. 32，101pr. 谢沃拉：《学说汇纂》第 16 卷

某人在自己祖籍的行省拥有土地，还获得一些作为债务【担保】的质押土地。他在遗嘱附书中写道："我希望把所有我在叙利亚占有的土地，以及所有在土地上的牲畜、奴隶、孳息、仓库和各种工具赠给我亲爱的家乡，成为家乡的一部分。"这里的问题是，立遗嘱人依据质押占有的土地是否也在对家乡的遗赠范围之列。【法学家的】回答是，依据这里的情况，质押土地并没有被遗赠，除非这些土地构成他自己所有的财产的一部分（通常发生于债务人未履行时）。

D. 32，101，1

"我要求我的土地，以其现在的状态，给我养大的女孩。"这里的问题是，女孩是否能够获得【立遗嘱人】死亡时候位于土地上的奴隶和佃农的已到期债权。【法学家的】回答是对佃农的到期债权不在遗赠范围之列，而其他东西可包括在"以其现在的状态"的表达内。

D. 32, 102pr. *Scaevola libro septimo decimo digestorum*

His verbis legavit: 'uxori meae lateralia mea viatoria et quidquid in his conditum erit, quae membranulis mea manu scriptis continebuntur nec ea sint exacta cum moriar, licet in rationes meas translata sint et cautiones ad actorem meum transtulerim'. hic chirographa debitorum et pecuniam, cum esset profecturus in urbem, in lateralibus condidit et chirographis exactis quam pecunia erogata reversus in patriam post biennium alia chirographa praediorum, quae postea comparaverat, et pecuniam in lateralia condidit. quaesitum est, an ea tantum videatur nomina ei legasse, quae postea reversus in isdem lateralibus condidit. respondit secundum ea quae proponerentur non deberi quae mortis tempore in his lateralibus essent et membranis manu eius scriptis continerentur. idem quaesiit, an, cum emptiones praediorum in isdem lateralibus condiderat, praedia quoque legato cedant. respondit non quidem manifeste apparere, quid de praediis sen-sisset, verum si ea mente emptiones ibi haberet, ut his legatariae datis proprietas praediorum praestaretur, posse defendi praedia quoque deberi.

D. 32，102pr. 谢沃拉，《学说汇纂》第 18 卷

【立遗嘱人】如此遗赠："给我的妻子我的旅行包，以及所有在旅行包中的东西，包含我亲自书写于小羊皮纸上的、我死亡时候还没有收回的【债权】，即使债权已经记录在我的账本中，并且我已经将凭证和相应担保交给我的管理人。"在准备去罗马的时候，立遗嘱人在包中放入了一些债务人的亲笔字据和一些现金，在收回了债权、花费了一些现金后，他回到了家乡。两年后，他在旅行包中又放置了后来购买土地的文件和一些现金。这里的问题是，受遗赠人是否只能够取得在立遗嘱人回来后放置在旅行包中的文书所指的债权。【法学家的】回答是，根据这里的情况，如果不是在【立遗嘱人】死亡时候处在旅行包中的、记录在立遗嘱人亲手所书的羊皮纸上的债权，就不被遗赠。【提问者】还询问，由于立遗嘱人还在旅行包中放置了购买土地的文书，土地是否也在遗赠范围里。【法学家的】回答是，可以肯定的是，【立遗嘱人】就土地并没有明确表示，如果立遗嘱人将文书放在包中，目的就是让受遗赠人通过获得文书能够取得土地的所有权，那么可以认为土地也被遗赠。

D. 32, 102, 1

Pater familias ita legavit: 'lances numero duas leves, quas de sigillaribus emi, dari volo': is de sigillaribus leves quidem non emerat, lances autem emptas habebat, et dictaverat testamentum ante triduum quam moreretur: quaesitum est, an hae lances, quas emptas de sigillaribus habuit, legato cederent, cum nullas alias de sigillaribus emerit nec legaverit. respondit secundum ea quae proponerentur deberi eas, quas de sigillaribus emisset.

D. 32, 102, 2

Alumno praecepit militiam his verbis: 'Sempronio alumno meo illud et illud: et, cum per aetatem licebit, militiam illam cum introitu comparari volo: huic quoque omnia integra'. quaesitum est, si Sempronius eam militiam sibi comparaverit, an pretium eius, sed et id, quod pro introitu erogari solet, ex causa fideicommissi ab heredibus consequi possit. respondit secundum ea qu-ae proponerentur posse.

D. 32, 102, 3

Idem testator liberto militiam his verbis legavit: 'Seio liberto meo militiam do lego illam', quam militiam et testator habuit: quaesitum est, an onera omnia et introitus militiae ab herede sint danda. respondit danda.

LIBER TRIGESIMUS SE CUNDUS
DE LEGATIS ET FIDEICOMMISSIS

D. 32, 102, 1

一位家父这样遗赠:"我希望遗赠两个光滑的盘子,这盘子是我从生产小雕像的人那里买到的。"事实上,他没有从生产小雕像的人那里买过光滑的盘子,而只是购买过盘子,并且他是在死亡前三天订立的遗嘱。这里的问题是,他从生产小雕像的人那里买的盘子是否被遗赠,特别是他并没有从那里购买其他东西,也没有遗赠其他东西。【法学家的】回答是,依据这里的情况,应该给付他从生产小雕像的人那里买的盘子。

D. 32, 102, 2

【立遗嘱人】这样表示,应该给他抚养大的年轻人【购买】一个职位:"对森普罗尼斯,我养大的年轻人,我【遗赠】给他这个物和那个物,以及,在他达到合适年龄的时候,我希望继承人能够购买一个职位,并且支付所有需要的费用,不要让森普罗尼斯负担任何费用。"这里的问题是,森普罗尼斯【自己】购买了那个职位,是否可以依据遗产信托请求继承人给付职位的价格和为了获得这个职位所支付的费用。【法学家的】回答是,他可以【请求】。

D. 32, 102, 3

同一个立遗嘱人遗赠给解放自由人一个职位,写道:"我遗赠给塞尤斯,我的解放自由人,那个职位",这个职位是立遗嘱人也曾经担任过的。这里的问题是,继承人是否要负担所有为了获得职位所需的费用和支出,【法学家的】回答是应该。

D. 32, 103pr. *Scaevola libro singulari quaestionum publice tractatarum*

Si pater exheredato filio substituit heredem extraneum, deinde ille extraneus hunc filium heredem instituit et heres factus intra pubertatem decedat, puto a substituto ei filio omnino legata praestari non debere, quia non directo sed per successionem ad filium hereditas patris pervenit.

D. 32, 103, 1

Plus ego in fratre, qui, cum heres exstitisset patri, exheredatum fratrem heredem instituit, accepi substitutum eius legatum non debere ac ne quidem si intestato fratri successerit, quia non principaliter, sed per successionem bona fratris ad eum pervenerunt.

D. 32, 103, 2

Si filius ex uncia heres institutus sit et ab eo legata data sint, habeat et substitutum, deinde commisso edicto per alium filium accepit partis dimidiae bonorum possessionem: substitutus eius utrum ex uncia legata praestat an vero ex semisse? et verius est ex semisse sed ex uncia omnibus ex reliquis liberis et parentibus.

D. 32, 103, 3

Contra quoque si ex dodrante institutus commisso edicto semissem acceperit bonorum possessionem, ex semisse tantum legata substitutus debebit: quo modo enim augentur ubi amplius est in bonorum possessione, sic et ubi minus est, deducitur.

D. 32, 103pr. 谢沃拉，《公开审讯研究》

如果家父为被剥夺继承权的家子指定候补继承人，指定一个家外人为继承人，后来，这个家外人指定【被剥夺继承权的】家子作为继承人，家子在成为继承人后，在成年前死亡，我认为，家子的候补继承人完全不应该给付遗赠，因为家父的遗产并不是直接到家子，而是通过【家外人的】继承。

D. 32, 103, 1

以及，如果弟弟在成为家父的继承人之后，指定被剥夺继承权的兄长为继承人，我认为兄长的候补继承人不应该承担遗赠，在成为弟弟的法定继承人的情况下也不需要承担，因为这时候家父的财产不是直接到达，而是通过弟弟的继承。

D. 32, 103, 2

如果一名【未成年】家子被指定为十二分之一财产的继承人，负担有遗赠，并且还有一名候补继承人，后来，由于另外一名家子的请求，基于【裁判官】告示的适用，他获得了一半遗产的遗产占有，这里的问题是，他的候补继承人是依据十二分之一的遗产负担遗赠，还是依据二分之一？更正确的观点是一半，不过其中的十二分之一对所有其他人支付，而剩下的十二分之五则对尊卑亲属负责。

D. 32, 103, 3

在相反的情况下，如果一个人被指定获得四分之三的遗产，后来由于【裁判官】告示，得到一半遗产的遗产占有，候补继承人只依据一半承担遗赠。事实上，如果获得的遗产占有增加，遗赠也增加；那么，获得的遗产占有减少，遗赠也减少。